RAISONS ET CAVSES DE PRESEANCE ENTRE LA FRANCE & l'Espagne.

Proposées par vn nommé *Augustin Cranato* Romain pour l'Espagne, & traduictes d'Italien en François.

Ensemble les responces & defenses pour la France à chacune d'icelles faites:

Par N. *Vignier* de Bar sur Seine Historiographe du Roy dés l'an 1589.

DEDIE' A SA MAIESTE'.

A PARIS,

Chez OLIVIER DE VARENNES, ruë sainct Iacques, à la Victoire.

M. DC. VIII.

Auec Priuilege du Roy.

AV ROY.

Außi tost que i'eus rencontré cette piece parmy les papiers de feu mon pere, le subiect m'inuita de la mettre en lumiere, & l'interest de vostre Maiesté qu'elle traicte m'apprit que ie le deuois faire soubs la faueur de vostre grand nom. I'attendois seulement que celuy qui auoit dressé ces Raisons de preseance les feist imprimer, afin de me veoir comme contraint par ce moyen à ce que ie desirois. Mais ne voyant rien paroistre de son costé, & d'ailleurs aduerty qu'vn nommé Val-

ã ij

deſſus Eſpagnol, en auoit faict imprimer en Eſpagne depuis peu d'annees vn
de meſme ſubiect, i'euſſe deſormais tenu mon ſilence pour vn crime, ce depoſt
pour ſacrilege, ſi ie l'euſſe plus long
temps retenu caché. Et me fuſſe bien
monſtré fils indigne de mon pere ſi contre ſa profeſſion & ſon zele i'euſſe veu
eſcrire contre l'honneur de voſtre Couronne, & n'auois produit les raiſons
qu'il m'a laiſſees pour la conſolidation
des droicts que l'on veut voler aux mè-
rites de cet Eſtat. Ce meſme zele l'a
conſommé lors qu'il a veu par diuers
eſcrits debattre les merites de la ſucceſ-
ſion de la troiſieſme maiſon de France
en faueur de celle de Lorraine: & la
poſſeſſion immemorialle des droicts de
ceſte Couronne ſur la Bretaigne. Il
meit auſſi toſt la main à la plume pour
la defence de la verité: mais la tempe-
ſte des troubles derniers, & depuis quel-

ques enuies particulieres l'ont empesché
de donner au public ce qu'il en a escrit.
Sa Bibliotheque historialle, ses fastes
anciens, son histoire Ecclesiastique,
sommaire de l'histoire de France, Chro-
nique de Bourgongne, & son traicté
des anciens François, monstrent assez comme largement il a employé ses
moyens & ses peines au seruice de sa
patrie. Et ce qui nous reste encor entre
les mains, tant de l'histoire de France
que de celle de Bretaigne particuliere-
ment, fait foy côme la vie luy a plustost
manqué, que l'enuie de s'employer en
ce trauail. I'en garde les fruicts comme
vn tresor, iusques à tant que vostre
Maiesté curieuse de veoir ce qui luy
appartient par succession en la gloire de ses grands predecesseurs, pour le
comparer à ce qu'elle en a acquis par
dessus eux, me commande de le luy re-
presenter en ce fidelle miroir de la veri-

té. Que ie feray auec la mesme deuotion
que i'offre icy à vostre Maiesté, SIRE,
comme en vn tableau racourcy les vœuz
que faict iournellement pour l'accroif-
sement de vostre Estat, & prosperité
de vostre personne.

De vostre ville de Paris ce xx.
Decembre 1607.

Vostre tres-humble, tres-
obeissant, & tresfidele fer-
uiteur & subject,
IEAN VIGNIER.

AV LECTEVR FRAN-
çois, SALVT.

MY Lecteur, ie ne doute point que tu ne reçoiues à bras ouuerts ce posthume que ie te presente au nom du pere, & que tu ne l'agrees pour ce qu'il porte sur le front, & au cœur. Mais ie crains qu'vne chose seule te fasche, c'est qu'en sa briefueté tu ne voyes côtinué le contentement que tu y gousteras. A cela pour te satisfaire autant que ie puis, ie te diray que l'Autheur de ce liure ayant rencôtré entre les mains d'vn de ses amys, ce peu de raisons que cet Italien Espagnolizé alloit semant parmy la licence d'vn siecle où toutes choses estans en confusió la bouche n'estoit fermée qu'aux gens de bien, c'estoit enuiron l'an 1589. Ce bô hôme en ayant tiré tout ce que le peu de têps que son amy luy dôna pour le lire seulemêt luy permettoient se meit aussi tost à luy preparer des responces, pour lors qu'il seroit si hardy de mettre ses fantaisies au iour. Mais cet Italien ne fit rien imprimer de son temps, & luy fut retiré au lieu où il se repose de ses labeurs. S'il euft vescu tant soit peu par dessus son dessein Il euft (sans doubte) enrichi & grossi cet œu-ure de beaucoup d'autres belles obseruations & dignes de ce sujet. Tel qu'il me l'a laissé ie te le donne: Tu ne laisseras de voir en sa brief-

ueté marquez les principaux poincts de cette cause, & croy qu'il y en a assez pour ré-
barrer l'insolence de cesdiscoureurs qui par
vne effrenée effronterie de parolles & de redi-
tes importunes, nous viennent disputer vne
possession de faict & de droict si longue & si
iuste, que c'est presque vne superfluité de leur
respõdre. Quant à ceuxqui ont escrit en Espagne depuis quelques années, ie ne doute point
que parmy tant de beaux nourrissons de la
France dont le sçauoir se fait admirer en tant
d'autres sujets, il ne s'en trouue assez qui viẽ-
dront desployer à l'enuy ce qu'ils ont de gra-
ces & de forces pour la defence de la verité, selon les dignitez de cette matiere & les circõ-
stances du temps où nous sommes, cõme nostre Autheur a fait en ce qui estoit du sien Il
aura seulement cet aduantage de leur auoir
ouuert la lice, & les auoir deuancez en cetho-
norable combat. Et tu rendras, Lecteur, cet
honneur à sa memoire de recognoistre qu'il a
fait tout ce qu'vn homme de bien peut faire
en cette espece de deuoir. A Dieu.

RAISONS

RAISONS ET CAVSES
DE LA PRESEANCE PRE-
tendue pour l'Espagne.

PAR AVG. CRANATORO.

Ensemble les responces & deffences
pour la France, adioustées en mesme ordre à chacune d'icelles.

RAISON PREMIERE.

LA PRESEANCE se con-
sidere, ou de soy-mesme, ou
selon l'ordre de nature &
du monde : La noblesse &
dignité des personnes, & selon la loy
Chrestienne, & non au plaisir & volonté d'vn Prince, signamment pour son
profit particulier.

A

Responce.

NOnobstat qu'on peust encore alleguer d'autres raisons de preseance que les precedentes : neantmoins ie conuiens volontiers de celles-cy pour prédre droict sur icelles côtre ce que nostre proposant veut pretendre par icelles, disant :

Raison seconde.

SI elle se considere de soy-mesme, ou selon l'ordre de nature, en laquelle communement celuy-là precede qui est le premier né ou venu au monde. Le Roy d'Espagne precede pour cet esgard celuy de France, pour-autant qu'il se sçait par l'histoire, qu'vn *Athalaric* premier Roy d'Espagne, fut créé l'an de nostre salut 371. & *Pharamond* l'an 419. Roy de France, assauoir 110. ans apres l'autre.

LEs Lecteurs obserueront icy
les traicts d'vn autant bon
historien que bon Dialecticien.
Car selon Athalaric (qu'il deuoit
pluftoft dire Athanaric) fut feu-
lement chef & Capitaine d'vne
trouppe & Canton de Visigots,
quand ils se meirent en termes de
se defendre côtre l'Empereur Valens. A cause dequoy Ammianus
Marcellinus ne le qualifie que du
tiltre de Iuge : & n'y a que les hiftoires Espagnolles qui le tiennét
pour le premier Roy des Visigots: Mais pour auoir esté tel, on
n'accorde pas pourtant qu'il ayt
esté semblablement premier Roy
d'Espagne. Comme ainsi soit que
luy n'y meift oncques le pied, ny
aucun de sa nation, qu'enuiron
40. ans apres le decez d'iceluy : le-

A ij

quel ayant esté esleu au pays de
Thrace souz l'Empereur Valens,
vint mourir à Constátinople l'an
381. sans auoir entré plus auant en
Europe. Or comme nostre proposant se veoit estre abusé appel-
lant son Athalaric premier Roy
d'Espagne : d'autant aussi s'est-il
deceu à l'endroit de nostre Pharamond qu'il se persuade auoir esté
premier Roy des François : Car
c'est chose toute prouuee que les
François ont esté gouuernez sans
discontinuation par Roys de plus
de deux ou trois cens ans deuant
Pharamond, & plus de deux cens
deuant Athanaric. Parquoy si ce-
stui-cy a peu apporter à l'Espagne, selon la consequence de nostre proposant, quelque droict &
prerogatiue de primauté, beaucoup plustost auroient acquis le

mesme à la France, les Roys des François qui ont precedé le mesme Athanaric ; du nombre desquels nos autheurs font mention d'vn Genobon soubs l'Empereur Diocletian, & de Ragaison, & Ascaric soubs Constantin le grand. Outre c'est à nostre proposant à faire veoir par quel compte il a prouué que nostre Pharamond a esté crée Roy cet dix ans apres son Athalaric. Ce qu'il fera aussi malaisément que ce qu'il a voulu inferer au propos ensuyuant, où il dit:

Raison troisiesme.

SI elle se considere selon la noblesse ou dignité des personnes, le Roy d'Espagne emporte gain de cause, Cõme ainsi soit qu'Athalaric premier Roy d'Espagne nasquist de Roy, & Pharamond de Duc, & que se trouuant l'Espagne diuisee en douze Royaumes, A-

*thalaric se meit en possession de toute
icelle, comme Pharamond de la France,
l'ayant trouuee departie en Duchez.*

Responce troisiesme.

IE n'empesche point que la preseance ne se puisse conside-
rer en la façon que vient de dire le proposant : mais la consequence
qu'il en veut tirer pour l'Espagne est aussi absurde que sont toutes
les causes sur lesquelles il la veut fonder : d'autant que nous auons
ja monstré que le Roy Athalaric ny sa nation soubs luy, ne veirent
oncques l'Espagne, n'y meirent oncques le pied, & ny occuperent
oncques vn poulce de terre : tant s'é faut que toute. Car le premier
Roy des Visigots qui y arriua fut Ataulphe successeur d'Alaric, qui
ne feit que mettre le pied à l'en-
tree d'icelle vn peu deuát l'an 415.

& y fut mis incontinent à mort
par ses domestiques, luy ayãt esté
le passage ouuert en icelle peu d'ã-
nees auparauant par les Vvandales, Sueues, & Alains qui s'y e-
stoiét ja nichez, & en occuppoiét
lá plus grande partie, comme
ils feirent long temps depuis. Et
quant aux douze Royaumes es-
quels il dit qu'elle se trouüa lors
diuisee : Qui ne sçait que cela ne
luy est oncques aduenu que depuis qu'elle a esté occuppee par
les Mahumetistes. Touchant le
poinct de la noblesse d'Athalaric, s'il a esté premier Roy de la
nation Visigothe, comme toutes
les bonnes histoires conuiennẽ:
de quel Roy peut-il auoir esté en-
gendré, sinon de quelqu'vn d'autre nation qu'il deuoit auoir nõ-
mé, declaré & prouué? D'autre-

part de quel autheur sinon fabuleux, tient-il que noſtre Pharamond a eſté fils de Duc seulemét
& non de Roy? Puis qu'il eſt certain que les François eſtoiét gouuernez par Roys dés-auparauant
luy, & qu'on le pourroit auec có-
iecture raiſonnable attribuer fils
à vn de ces deux, dont le Poëte
Claudian faiĉt mention, où il dit:

Regia Romanus diſquirit crimina
    carcer;

Marcomarus Sunnoque docent.

  Ayant dit auparauant,

Expellet citius fallax quam Francia
  Reges, Quos dederis.

CE qu'il adiouſte des douze
Duchez que Pharamond
trouua en la France, eſt auſſi fabuleux & ridicule que ce qu'il a
dit des douze Royaumes d'Eſpagne, tant pource qu'il eſt mal cer-

tain qu'il aye iamais regné deça le
Rhin, & que s'il y a regne c'a esté
en vne trespetite côtrée: Quepour
autant que la domination des
François en la Gaule deuant le
Roy Clouis, ne s'est point veuë
estenduë gueres plus auant que la
forest d'Ardennes. Surquoy les
lecteurs iugeront de la suffisance
du raisonnant, & s'il a mieux ap-
pris à raisonner és propos ensuy-
uans qu'és precedens, arguant en
en telle sorte.

Raison quatriesme.

SI la preseance se considere ou iugé
par la loy Chrestienne, qui veut
& ordonne, que qui est premier Chrestien precede, il s'ensuit par le mesme ordre que l'Espagne precede la France,
eu esgard que les premiers Roys d'Espagne, comme Athalaric, Alaric, & A-
taulphe furent Chrestiens: & les pre-

miers Roys de Fráce Pharamond, Me-
roüee, Chilperic & Clouis, payens.

Responce quatriesme.

Oftre propofant perfeue-
rant en fa premiere erreur,
appelle Roys d'Efpagne les trois
qu'il vient icy de nommer. Quát
au poinct de la foy Chreftienne,
les inquifitions iugeront, fi eftre
Arrien ennemy de la Saincte Tri-
nité, blafphemateur de la confub-
ftantialité & Eternité du fils de
Dieu, merite nom, tiltre & prerogatiue d'honneur entre les vrays
Chreftiens, & par deffus les premiers Roys qui ont efté vrayemét
Catholiques & tres-Chreftiens,
combien que ie ne veux pas em-
pefcher qu'il n'aille plaider, s'il
veut, du poinct qu'il debat contre
les autres Roys qui ont faict mefme profeffion de l'Arrianifme

que les Viſigots, côme des Oſtro-
gots, Bourguignons, Vvandales,
Sueues, & Alains : Mais s'il veut
que nous luy accordions la conſequence de ſon argument, il faut
ſemblablement qu'il côfeſſe, que
comme le Roy Clouis a eſté le
premier Roy de toutes les natiôs
eſtrangeres qui ſe ſont eſtablies
en Royaumes ſur les ruynes de
l'Empire Romain, lequel s'eſtant
luy & ſa gent faict baptiſer en la
vraye, pure, & orthodoxe religiô,
qu'à luy ſemblablement & à ſes
ſucceſſeürs eſt deu & acquis l'hô-
neur & prerogatiue du premier
Roy Catholique & orthodoxe pluſtoſt qu'aux Roys d'Eſpagne, qui
ne ſe ſont laiſſez reduire & côuer-
tir à la religion Catholique & orthodoxe en renonçant à l'hereſie
Arrienne, que pres de cent ans

Raiſons & cauſes de preſeance
apres le bapteſme de Clouis. En
quoy l'on peut veoir comme noſtre plaideur s'eſt icy couppé de
ſon propre couſteau : Ainſi qu'on
verra ſemblablement qu'il faict
en l'argument qui ſuit, où il donne encore à douter s'il y a plus
apporté d'ignorance que de mali-
gnité & ſycophantie, ou rancune
contre les François, diſant.

Raiſon cinquieſme.

D'Auantage, s'il y a Roy qui pour
auoir augmenté la Chreſtienté,
& amplifié ſon Royaume par moyen
iuſte & legitime ſur les Maures &
Mahumetiſtes, ayt merité d'obtenir la
prerogatiue de preſeance, ſuyuãt la raiſon precedente, c'eſt ſans douie que l'E-
ſpagne emporte en ce cas l'auantage ſur
la France, pour-autant que leurs Roys
ont non ſeulement augmenté leur Royaume, mais auſſi combatu pour la foy

Chreſtienne contre les Maures par l'e-
ſpace de huict cens ans, iuſques à ce
qu'ils les ont finalement amenez au bapteſme. Ce que les Roys de France n'ont
faict, ayant eſtendu & amplifié leur
Royaume à faire la guerre à leurs voi-
ſins, & à ceux qui eſtoient de meſme
creance qu'eux.

Reſponce cinquieſme.

LEs François ayans commen-
cé de ſe nicher en la Gaule,
dés vn peu apres l'an 410. eurent
concurrens en icelle, les Viſigots, Arriens, qui tenoient la plus
grande partie de ce qui eſt delà la
Loire. Les Bourguignons Arriés
comme eux, qui s'eſtoiét accom-
modez deçà & delà le Rhoſne &
la Saone, & les Romains qui rete-
noiét encor ce qui eſt deçà la Loire & la Seine: Mais les François ſe
rendirent premierement les plus

forts és contrees les plus proches
deçà le Rhin, & delà venant petit
à petit l'Empire Romain à verfer
en la Gaule: ils s'eflargirent par
fucceffion de temps iufques aux
Ardennes, puis à la Seine, & en fin
iufques à la Loire & à l'Occean,
qui fut foubs le Roy Clouis. En
telle façon toutefois que la force
de leurs armes ne leur feruit pas
plus que le gré & confentement
des habitans qui fe donnoient à
eux à l'enuy & à la foule, pource
qu'ils fe comportoient & accom-
modoient auec eux en fi grande
douceur & modeftie, qu'ils ne les
forçoiét en aucune façon en leur
religion, & ne changoient rien en
leur police ny en leurs loix, ains
les y confirmoient & mainte-
noient, nonobftát qu'ils vefquif-
fent encore foubs le feruice des

Idoles. Occasion pourquoy les Euesques Gaulois estoiét les plus ardans à les appeller & semondre, voire solliciter de venir à eux de peur d'estre preoccuppez des Visigots & Bourguignons, qui vsoient de grande violence enuers ceux qui ne se vouloient accommoder à leur heresie auec eux. Dequoy nous auons vne infinité de tesmoignages & d'exemples en Gregoire de Tours, & en Procope vn singulier & bien expres, où il declare que les legions Romaines qui estoient establies à la garde des limites, se donnerent pour la mesme cause aux François. Lesquels donc ayant esté tels dés le baptesme, qui doutera qu'ils ne se soient encore monstrez meilleurs apres iceluy? Au contraire, que siret les Roys Visigots dés leur en-

tree en la Gaule & en Efpagne, finon infecter & empoifonner de
leur vilaine herefie les lieux &
pays où ils ont dominé & com-
mãdé : enfemble auffi de la maintenir & faire valoir, & par mefme
moyen d'en exterminer (tãt qu'il
leur a efté poffible) la pure religion & les profeffeurs d'icelle,
par violences, cruautez, & inhu-
manitez iufques à deux cens ans
apres. Et quant à leurs guerres,
qui ne deteftera l'impofture &
audace effrontee à mentir de ce
plaideur en cet endroit? Veu qu'il
eft tefmoigné par leurs hiftoires
mefmes que depuis l'an 410. auquel temps ils pafferét en la Gaule Narbonoife, infques à l'an 714.
où ils fe laifferent honteufement
vaincre & prefque exterminer par
les Maures, ils ont eu quafi touf-

iours

iours guerre continuelle, ou contre leurs voisins de mesme religion qu'eux, assauoir les Vvandales, Alains, & Sueues, iusques à ce
qu'ils eurent faict abandonner
l'Espagne à aucuns d'eux, & sou-
mis les autres à leur ioug: ou contre les Empereurs, Imperiaux &
subiects de l'Empire tenant le party Catholique d'vn costé, &
de l'autre contre les François te-
nans aussi le mesme party. Tesmoin qu'ils ont esté expulsez par
eux de toute l'Aquitaine, & depuis guerroyez souuent & bat-
tus dedás l'Espagne, mesme à leur
feu, pour auoir cruellement & in-
humainement traicté aucunes fil-
les de noz Roys qu'on leur auoit
donné en mariage, ou à leurs fils,
non pour autres causes que pour
ne se vouloir accommoder auec

B

eux en leur Arrianiſme, & pour
auoir aucunes d'elles conuertis
leurs maris à la religion Catholique: Teſmoin le Prince Herme-
nigilde à qui ſon pere fit la guerre
pour ceſte occaſion, & l'ayant at-
trappé luy fit perdre la vie. Qui dira donc que toutes ces guerres là
n'ayent eſté que pour la foy & cōtre les Maures? Quāt à celles qu'ils
ont eu contre iceux, qui a ſi peu
mis le nez en leurs hiſtoires, qui
ne ſçache qu'ils n'ont point eſté
pouſſez à icelle (ſinon à bien peu)
tant de zele de religion & de l'e-
xaltation de la Chreſtienté, que
de neceſſité de defendre & cōſer-
uer leurs biens, patries, vies, & libertez? Dauantage que la paillar-
diſe & lubricité de leur Roy Ro-
deric, & la perfidie & deſloyauté
de ſes propres ſubiects, furent le

seul motif de faire acheminer les
infideles en Espagne, de leur faci-
liter l'entrée en icelle, & le moyen
de la reduire en leur puissance!
Mais les dissentions, haines, &
guerres ciuiles plus que tragiques
& parricidales, que les Princes
Chrestiens d'Espagne eurent depuis entr'eux, & l'vn contre l'autre, àsçauoir ceux de Leon, Nauarre, & Arragon, fut ce qui ayda
le plus aux infideles d'establir,
former, & maintenir leur domination en icelle. Voila ce qu'on
peut iustement rapporter du merite des Espagnols enuers la Chrestienté par leurs guerres côtre les
Maures : car si les derniers ont
vaincu & chassé l'infidelité d'Espagne, ils n'ont faict que reparer
les fautes de leurs deuanciers. Et
combien que ie ne doute point

B ij

que le vray zele de religion n'ayt
pouffé & códuit plufieurs de leurs
Roys à guerroyer courageufemét
les Maures ; neátmoins il s'eft peu
veu que la neceffité prefente ou
future, ne l'ait precedé ou accompagné. Outre ce qu'en toutes les
plus memorables entreprinfes,
ou exploicts de guerre qu'ils ont
iamais fait fur les Maures, les Fráçois les ont fecourus & affiftez, &
par eux ont regaigné le deffus &
aduantage qu'ils auoient perdu
en Efpagne. Et au bout de tout
cela, que tout ce qu'ils y peuuent
auoir faict fans ayde d'autruy de
leur propre mouuement, puiffan-
ce, & vertu, n'eft en rien à comparer aux merites des François enuers la Chreftienté. Ce qu'il nous
eft force de monftrer pour conuaincre l'enorme & impudente

impofture, menfonge, & fyco-
phantie de noftre plaideur, qui a
ofé defgorger que les François
depuis leur baptefme n'ont augmenté ny eftendu leurs Royaumes que fur leurs voifins, & de
mefme religion qu'eux. Et pour
commencer, faut entendre que
Clouis fut baptifé auec fon peuple l'an 500. de noftre falut, eftant
occafionné à ce faire par la victoire qu'il auoit miraculeufemét ob-
tenue fur les Allemans & Bauariens. Au moyen de laquelle il fe
rendit ces deux nations là fuiettes
& tributaires, dont fa Monarchie
fut augmentee delà le Rhin, laquelle n'auoit lors fon eftendue
en la Gaule que depuis iceluy, iufques à la riuiere de Loire & à l'Occean, eftant tout ce qui eft delà
iufques aux Pyrenees & aux Al-

pes, possedé des Visigots, & ce
qui est deçà le Rhosne & la Saone iusques au Piedmont, & par
delà le mont de Iou, occuppé des
Bourguignons, lesquels viuoient
soubs l'impieté Arrienne. Ce qui
esmeut Clouis auec les occasions
qui se presenterét de faire la guerre aux vns & aux autres, tant pour
se rendre maistre & seigneur vni-
uersel de toute la Gaule, que pour
la nettoyer aussi & purger de l'in-
fection Arrienne, mais il n'obtint
que demie victoire des Bourguignons, laquelle il laissa paracheuer à ses fils, afin de s'attacher aux
Visigots & à leur Roy Alaric. Qui
furent en telle sorte finalement
menez par luy, que leur puissance
estant deffaicte en vne grosse bataille, & leur Roy Alaric occis par
les propres mains de Clouis, tou-

te la Guyenne depuis la Loire iufques aux Pyrenees, auec la Gaule
Narbonnoife vindrent en la puif-
fance d'iceluy. Au moyen dequoy elle fe veit non feulemét affranchie de la feruitude Vifigote,
mais auffi de l'impieté Arrienne.
Ce qui pleut en tellé forte à l'Empereur Anaftafe, qu'il luy enuoya
plufieurs prefens magnifiques &
excellens en gratification de fa victoire, auec les tiltres & ornemés
confulaires patritiaux & augu-
ftaux, enfemble la conceffion oü
confirmation du droict de poffef-
fió de tout ce qu'il s'eftoit acquis
en la Gaule, en laquelle il fem-
bloit qu'il deuft acheuer bien toft
de reduire tout ce qui reftoit fouz
fa loy, fi la mort ne l'euft preuenu.
Par laquelle le refte de la redu-
ction efcheut à fes enfans, lef-

B iiij

quels ayans exterminé les Roys
& l'herefie Arrienne auec eux, &
retiré confequemment à eux la
Prouence, dōt les Oftrogots d'I-
talie s'eftoient rédus poffeffeurs,
veirent la Monarchie des Gaules
entierement reduicte foubs leur
fceptre, & foubs vne mefmé religion. Parquoy comme tant de
bons fucces les incitaffent de bié
pourfuyure leur fortune, l'oppor-
tunité fe preséta d'aller employer
leurs forces fur le Royaume de
Turingie, duquel apres auoir ac-
cablé les Roys, ils firent vne prouince de leur Monarchie, & firent
auffi prédre leur loy à aucuns peuples de Saxe, les pl⁹ proches d'eux.
Auec cela ils enuoyerent & firent
paffer quelques vnes de leurs armees en Italie contre les Imperiaux, en faueur des Oftrogots. Et

non fort long temps apres trois
armees de Lombards s'estans en
mesme temps, & par diuers en-
droits, venus ietter dedans la Fráce, furent lourdemét rembarrez,
qui inciterent les François de les
aller voir à leur tour sur leur fu-
mier, où ils leurs donnerent telles
affaires, qu'ils les firent soubmet-
tre à vn grand accord, qui fut de
longue duree auec eux. Ce sont
les principalles guerres estrágeres
que Clouis & les Roys de sa race
ont eu, horsmis celles que nous
auons dit, qu'ils firent aux Visigots dedans l'Espagne : Car les
guerres ciuiles se vindrent mettre
entre les Roys, qui furent suyuies
de celles des Maires des deux Pa-
lais, lesquelles empescherent les
François d'occupper leurs armes
ailleurs, iusques à ce que Charles

Martel, ayeul de Charlemagne,
ayant par sa vaillance r'allié les
deux Mairies ensemble en sa personne, contraignit par guerre les
nations qui s'estoient desbandees
de la Monarchie de France, de le
recognoistre, fors Eudes Duc d'A-
quitaine, lequel ne se sentant assez fort sollicita les Sarrazins dix
ans apres leur arriuee en icelle, de
le venir secourir. A quoy ils furent
d'autát plus própts d'obeir, qu'il
leur sembla que de là le chemin
leur estoit ouuert en toute l'Europe : car ils s'y acheminerent auec
vne multitude si effroyable, que
on ne la voudroit pas croire si elle
n'estoit attestee des estrágers, fai-
sans cognoistre que leur dessein
tendoit plus loing que la France,
d'autant mesmement que leur
nombre estoit quatre ou six fois

plus grand que celuy auec lequel
ils auoient subiugué l'Espagne:
Neantmoins les François auec y-
ne poignee de gens à comparaison d'eux, les combattirent si ver-
tueusement qu'ils en obtindrent
vne des plus glorieuses & insignes
victoires qui se soient veuës és siecles passez par la cruelle bouche-
rie qu'ils en firent. Qui fut telle,
qu'on n'estime pas que la centies-
me partie d'eux en soient eschap-
pez, pour aller faire sçauoir qu'ils
auoient rencontré d'autres guer-
riers en France qu'en Espagne.
Ce qui a fait dire à Paul Diacre en
aucun de ses escrits, que *Carolus*
viris omnibus fortissimis conferendus,
inter cætera & magna bella quæ ges-
sit; ita præcipuè Saracenos detruit,
vt vsque hodie gens illa truculenta,
& perfida Francorum arma formi-

det , c'eſt à dire : Charles , qu'on peut accomparer à tous les plus grands hommes qui ayent eſté, entre toutes les grandes guerres qu'il a euës, a tellement ruiné les Sarraſins , que iuſqu'à ce iour-d'huy ceſte race redoutable & fiere, redoute encore les armes des François. Choſe qui incita ceux qui eſtoient reſtez de remettre quelques annees apres vn nouuel amas de gens pour retourner venger la honte des premiers , ſoubs la confiance d'aucuns rebelles de Prouence , qui les mirent dedans les villes d'Auignon & Narbonne. Ce qui toutesfois n'empeſcha qu'ils ne fuſſent encore auſſi mal traictez qu'auparauant , tant en icelle qu'en la campagne , qui fut la fin de la guerre que Charles eut contr'eux. Outre laquelle il cha-

ftia par plusieurs fois les rebelliós
des Allemans, Saxons, Bauariens,
& Frisons, comme fit aussi Pepin
son fils & successeur. Lequel trai-
cta les Sarrasins d'Espagne, qui
l'oserent reuenir voir aussi mal
qu'auoit faict son pere: tellement
qu'il leur fit perdre l'enuie de plus
retourner en France. Lequel outre les guerres precedentes, eut
encore affaire aux Sueuiens qu'il
subiugua: Puis encore aux Lombards, contre lesquels il passa par
deux fois en Italie en faueur du
Pape, & des Romains, ausquels
ils faisoient la guerre. Tellement
que leur ayant osté l'exarchat de
Rauenne il en fit don au siege Romain. Charlemagne son fils rece-
uant la Monarchie Françoise l'es-
leua au plus hault degré de grandeur où elle se soit iamais veuë,

car il acheua de mettre & reduire
toutes les nations de la Germanie
entierement soubs icelle. Apres
auoir guerroyé les Saxons l'espace de plus de trente ans, & iceux
conuertis à la religion Chrestienne, reduit le Royaume de Bauiere
en prouince, & subjugué les Es-
clauós Vinides, Vvilses, & Abodrites, ensemble ceux de Boëme,
Morauie, Carinthie, auec les Hús,
Auarois, tant de la haute (qui est
auiourd'huy Austriche) que de la
basse Pannonie, qui est Hongrie:
ayans ses deuanciers ja dés auparauant luy amené au baptesme les
autres nations d'Allemagne, &
d'autre part aboly le Royaume
des Lombards en Italie, & iceluy
soubmis à sa Monarchie auec la
seigneurie de Rome, iusqu'à establir en icelle ses iuges & officiers,

prins le siege Romain en sa protection & sauuegarde, & amené
en sa personne & de ses successeurs le tiltre & dignité d'Empire
ou d'Empereur Romain Auguste
en Occident, non tant par la con-
cession des Papes, que par l'accord fait auec l'Empereur de Grece, & par ses propres merites &
vaillances. Dauantage il ne pre-
serua pas seulement les costes &
riuages maritimes d'Italie & de
France des courses & volleries des
Maures d'Espagne & d'Affrique,
mais aussi retira de leurs mains les
Isles de Sardaigne, Corsique, &
les Baleariques. Qui plus est, il fut
le premier qui chassa les Maures
du Royaume de Nauarre, & le
soubmit à soy, auec les Comtez
de Barcelone, Sardaigne, & Rous-
sillon, ensemble les villes de Hue-

sca & Tortose, & tout ce qui est
de l'Espagne, iusques à l'Ebre cō-
tenāt trois cens mil d'estendue en
longueur, tesmoin Alcuino : &
par ses victoires fortifia finalemēt
l'estat des Espagnols Chrestiens,
en telle sorte que les Sarrasins
n'eurent oncques depuis l'aduantage sur eux en leur pays. Tout ce
que nous venons de reciter suffira
(quand nous ne voudrions rien
alleguer de ce qui s'est faict par
les François soubs les successeurs
de Charlemagne) pour donner à
iuger si les François n'ont iamais
guerroyé que leurs voisins de
mesme religion qu'eux, & si l'ag-
grandissement de leur Royaume
n'est venu que de là: S'ils ont moīs
merité enuers la Chrestiété pour
auoir icelle deliuree tant de fois
du danger des Sarrasins, & pour
auoir

auoir obtenu tant de victoires sur
iceux dedans & dehors la France,
& les auoir tousiours empeschez
de rien gaigner sur icelle, que les
Espagnols pour auoir esté con-
traints de les guerroyer en diuers
euenements l'espace de 800 ans,
tant pour conseruer ce qui restoit
que pour recouurer sur eux, ce
qu'ils auoient perdu par leur faute, leur ayant esté vne bonne partie de cela regaigné par la seule
vaillance des François, dont ils se
sont recognus vassaults de leur
Couronne plus de cinq cens ans
depuis Charlemagne, & beaucoup du reste par l'ayde & assistá-
ce d'iceux, ainsi qu'il a esté declaré
en vn autre traicté à part (auquel
aussi ont esté mentionnez les excellens faicts & conquestes des
François) en la Palestine, en Asie,

C

Egypte, Affrique, Grece, & Italie,
soubs les Roys de la race de Capet. Outre lesquelles nous pourrions encore amener en ieu les lo-
gues guerres qu'ils ont eu à repul-
ser la rage des Danois & Normás,
iusques à ce qu'ils les ayent faict
baptiser en la religion Chrestienne, & celle des Huns semblablement soubs les descendans de
Charlémagne: si le precedent ne
sembloit auoir assez conuaincu
l'imposture & faulseté des conclusions de nostre plaideur, comme aussi celle qu'il adiouste consequemment, disant:

Raison sixiesme.

QVil est bien vray-semblable que
quelque Pape, natif de France,
prouoqué par les iniures & fascheries
des Lombards, octroya la preseance au
Roy de France: mais qu'à plus iuste oc-

casion elle deuroit auoir esté accordee à
l'Espagne, en faueur de ce qu'elle a reduit tant de peuple à la cognoissance de
Iesus Christ, & releué l'Eglise & authorité du Pape chez soy, qui est beaucoup plus grand interest que celuy qui
aduint au Pape contre les Lombards.

Responce sixiesme.

D'Vn resueur on ne sçauroit
ouyr que resueries, comme
est celle qui le fait dire qu'il y a eu
vn Pape natif de France du temps
du regne des Lombards, par lequel la preseance fut accordee au
Roy de France, à l'occasion d'eux,
d'autant qu'il n'y a point eu Pape
tel deuant l'an mil, & que la preseance a esté attribuee pour plus
de causes, plus anciennes & plus
peremptoires que celle qu'il allé-
gue, lesquelles sont tesmoignees
par Procope, Agathe, Gregoire

de Tours, & sainct Gregoire en
ses Epistres, qui se rapporte à celles qui firent appeller le Roy Clouis fils de l'Eglise Catholique, au
Concile d'Orleans tenu souz luy,
& à tous les autres qu'on peut tirer du discours precedent, suyuát
lesquelles le tiltre de Tres-Chrestien, & premier fils de l'Eglise, a
tousiours accompagné la preseá-
ce: & se cognoist semblablement
que les François ont conuerty à
nostre religion plus de peuples,
nations & pays, plus longuement
combattu, & profité à la Chrestiété, ensemble aussi augmété & amplifié le Domaine du siege Romain, que n'ont les Espagnols:
qui ne se sçauroiét preualoir d'aucuns merites enuers iceluy, qui
puissent estre mis en balance contre ceux que nous auons déclaré

cy deſſus des François, leſquels ſe
voyent bien plus amplement ſpe-
cifiez & recitez és hiſtoires anciénes & modernes d'Italie, Comme
d'Anaſtaſius, Blondus, Volater-
ranus, & Sigonius, auſquels on
pourroit encore adiouſter les bié-
faicts particuliers de Loys le De-
bonnaire, de Charles le Chauue,
& des Roys de la race de Capet,
& ce que la France s'eſt touſiours
veuë le refuge & aſyle des Papes
deſobeis & affligez. Outre la dili-
gence, trauail, & deſpence que
Charlemagne & ſes fils employe-
rent à faire conuertir les peuples
Septentrionnaux eſloignez d'eux,
& les Bulgariens, enſemble la Sicile retiree des mains des Sarrazins, & faict la Pouille & Naples vaſſale & tributaire du ſiege
Romain par les Normans Fran-

Raisons & causes de preseance
çois, de la pluspart desquels merites nous auons vn ample tesmoignage, auquel les Espagnols
ne sçauroiét deroger par vn semblable pour eux d'aucune part. En
la harágue du Pape Iean huicties-
me, qu'il feit en vn Synode de
Prelats d'Italie à Pauie pour l'es-
lection du Roy Charles le Chauue, où il dit: *Inter quas tantum cla-*
rissimum sidus diebus nostris, Ecce no-
bis Carolum Christianissimum Prin-
cipem, superna prouidentia præscitum
à se, & præelectum ante mundi con-
stitutionem, & prædestinatum. Non
nisi copiosissima miseratione circa no-
stram salutem motà, secundum placi-
tum suum. Iuxta quòd congruum erat
in isto periculoso tempore, tribuit. Ne-
potem videlicet illius quondam magni
Caroli qui Rempub. præliis auxit, vi-
ctorijs dilatauit, sapientia decorauit.

Qui cum omnes Ecclesias sublimasset
semper hoc ei erat in voto, semper in de-
siderio, sicut in gestis quæ de eo scripta
sunt legitur, vt sanctam Romanam
Ecclesiam in antiquum statum & ordi-
nem reformaret: vnde & hanc multis
honoribus extulit. Multis munificen-
tijs & liberalitatibus ampliauit ædes,
vt amissas olim vrbes ei restituisset &
ex regni quoque sui parte alias non mo-
dicas contulisset. Sed pauca dicta sunt
nisi quæ circa religionis incrementum
gessit magna & sublimia memoren-
tur. Religionis quippe statu inter diuer-
sorum errorum & prauitatum vepres
incultum inuentum sacris literis erudi-
uit. Diuina pariter & humana scien-
tia perornauit, erroribus expurgauit,
rectis dogmatibus saginauit, atq; intra
breuißimum tempus ita industrio pie-
tatis studio egit, vt nouus quodammo-
do videretur mundus magnis luminari-

Raisons & causes de preseance
bus venustatus. Cuius filius, diuae scili-
cet recordationis Ludouicus Max. Im-
per. pater huius adeo electi Principis
Caroli semper Augusti, patrium solium
adeo religione imitatus, pietate lauda-
biliter aemulatus est, vt & paterna di-
uini cultus vota & erga Praelatum
principalis Ecclesiae liberalitatis insignia
pius natus equipararet & roboraret.
Sed & vberioribus beneficijs & dapsi-
libus munificenter vt haeres gratißimus
ampliauit. Verùm iste huius praefulgi-
dus filius Carolus videlicet de quo nobis
sermo est, serenißimus & tranquillißi-
mus Imperator qui nobis vt praetuli-
mus, in quos fines seculorum deuene-
runt, quique caliginosi temporis ex
quadam parte tetras aerumnas & mise-
rias sustinebamus, splendidißimum a-
strum ab arce polorum illuxit, non so-
lùm monumenta progenitorum bonita-
tem electae radicis feres, in ramo alacri-

ter æquiperauit. *Verum etiam omne
prorsus auitum studium vicit & vni-
uersum paternum certamen in causa religionis atque iustitiæ superauit : Ecclesias videlicet Domini diuersis opibus di-
tauit, Sacerdotes eius honorans, hos ad
vtráque Philosophiam informans, illos
ad virtutes sectandas anhortans : viros
peritos amplectens, religiosos venerãs,
& ad omne bonum penitus subsecutus,
& omne malum medullitus detestatus.*
c'est à dire : Entre lesquelles nous
voyós ce grand astre en nos iours
Charles Prince tres-Chrestien,
que la souueraine prouidence a-
uoit preueu & esleu auant la fon-
dation du monde, voire predesti-
né par l'abondance de ses miseri-
cordes enuers nostre salut, selon
son bon plaisir, & comme il estoit
necessaire en ces dãgereux temps.
petit fils de ce grand Charles qui

accreut ſon Eſtat par ſes batailles,
l'eſtendit par ſes victoires & l'enrichit par ſa ſapience, lequel apres
auoir releué toutes les Egliſes eut
touſiours vn deſir ſingulier (comme il ſe voit en ce qui eſt eſcrit de
luy) de remettre l'Egliſe Romaine
en ſon premier eſtat & dignité.
Cauſe qu'il luy fit de grands hon-
neurs & l'enrichit de grandes li-
beralitez: tellement qu'il luy rendit des villes qu'elle auoit autres-
fois perdües, & luy en donna encor de celles de ſon Royaume v-
ne bonne partie. Mais tout ce qui
s'en eſt dit eſt peu au prix de ce
qui ſe peut repreſenter qu'il a fait
pour l'auancement de ſa religion.
Car ayant trouué l'eſtat de la religion tout depraué d'erreurs, il y
reſtablit les ſainctes lettres, &
l'embellit d'vne ſcience diuine

& humaine, en purgea les erreurs,
le remplit de bonnes doctrines, &
en bien peu de temps feit tant par
l'industrie de sa pieté, que le monde sembloit tout nouueau, orné
de si grands luminaires. Duquel
le fils Louys (d'heureuse memoire) grād Empereur, pere de cestuicy, Prince esleu de Dieu, Charles
tousiours Auguste a tellemēt imi-
té & ensuiuy son pere en deuotion & pieté, que non seulemēt il
l'a egallé en ce qui estoit du seruice diuin & confirmé ses liberali-
tez enuers les Prelats de l'Eglise
principale, mais aussi leur a donné de grands benefices, cōme heritier de ses vertus, mais cestuicy
à sçauoir Charles fils illustre de ce-
stuy-là, serenissime & trespacifi-
que Empereur, duquel nous auōs
maintenant à parler, qui comme

nous auons dit auparauant en ces
derniers siecles, où nous souste-
niós presque toutes sortes de mi-
seres & calamitez, nous est surue-
nu comme vn astre fauorable
enuoyé du Ciel, n'esgalla pas
seulemét la liberalité de son pere,
mais surpassa toutes les affections
de ses ayeuls, & surmonta en ce
cóbat de religió & de iustice tous
ses predecesseurs, ayant enrichy
les Eglises du Seigneur par diuer-
ses œuures, honorant les Prestres,
en excitant les vns aux Philoso-
phies, & exhortát les autres à suy-
ure la vertu, cherissant les gens
doctes, respectant les Religieux,
aydát aux pauures: bref s'adonnát
à tout bien, & abhorrant entierement toute sorte de mal. Voyla
ce qu'vn Pape a confessé des bien-
faicts des François. Au contraire,

de quel bien-faict peuuent les Papes remercier les Espagnols, qui
soit à comparer au moindre merite des François enuers eux? Où est
le poulce de terre dont le Domaine Papal ait esté augmenté par la
liberalité Espagnolle en Italie depuis tant de temps qu'ils y com-
mádent? Qui a esté le Roy d'Espagne qui ayt iamais mis le pied
hors de son pays pour aller au secours d'vn Pape affligé, ou vers
qui aucun Pape ait iamais esté au
recours & refuge, sinon vn seul
Pape schismatique condamné en
deux Conciles.

Raison septiesme.

DE Pharamond descend la vraye
ligne de la maison d'Austriche,
& par icelle la succession de la Couronne de France vient en la maison Royalle

Reſponce ſeptieſme.

NOſtre raiſonneur conte icy
à ſon accouſtumee ſans ſon
hoſte, nous donnant touſiours
en payement de ſa faulſe mon-
noye, qui ſont ſes faulſes maxi-
mes, & ſes concluſions ſont auſſi
faulſes, leſquelles il penſe qu'on
doiue, ou qu'on ſoit tenu de receuoir auſſi legerement qu'il les a-
uance. Cependant ie n'ignore pas
que quelques genealogiſeurs mo
dernes ont par flatterie controu-
ué & mis en auant beaucoup de
chimeres de ceſte deſcente là, que
eux ne voudroient ne pourroient
pleiger, ny garentir, ny trouuer
qui le vouluſt ou peuſt faire, ſça-
chans bien qu'elles ne peuuent
trouuer lieu de croyance qu'en-

uers les ignorans, d'autant mef-
mement qu'il y en a plufieurs qui
ont defcouuert ces faulfetez là, &
faict veoir auffi qu'entre toutes
les grandes maifons de l'Europe
il n'y a point de plus ancienne que
celle de nos Roys du iourd'huy.
Que s'il ne s'eft iamais veu ny ouy
qu'vn feul de ceux de la maifon
d'Auftriche, ny de tant d'Empereurs qui en ont efté, ait oncques
pretendu aucun droict, ou prerogatiue par deffus nos Roys pour
raifon de cefte defcente là. D'où
eft-ce doncques que le Roy d'E-
fpagne le peut auiourd'huy pretendre à caufe d'eux.

Raifon huictiefme.

Refponce huictiefme.

Vant à la raifon qu'il allegue confecutiuement, qu'il
fe prouue par la legende d'vn cer-

tain ſainct d'Eſpagne, qu'il y a eu
des Chreſtiens en icelle premier
qu'en France, encore que les noſtres, qui ſont en plus grand nombre, & de non moindre authorité,
n'en conuiennent. Neantmoins
quand ainſi ſeroit, de cela ne s'en
enſuyuroit aucune prerogatiue
de preſeáce, ou les Eſpagnols auroient eſté bien negligens de l'a-
uoir laiſſé ainſi dormir iuſques à
maintenát, ſans pluſtoſt s'en eſtre
aduiſez.

Raiſon neufieſme.
Reſponce neufieſme.

CE qu'il propoſe d'autre-part
du liure des ceremonies de
Rome, touchant la controuerſe
qui fut iadis à Rome deuát le Pape Iules ſecond, entre les Ambaſ-
ſadeurs de Fráce & d'Eſpagne, ne
preiudicie non plus que les allegations

gations precedentes au droict de
noftre Roy. Eftant iceluy eftably
fur d'autres beaucoup plus vallables & authentiques preuues &
fondeméts, qui ont efté bien amplement declarez & expofez par
autres efcrits deuant ceux cy.

Raifon dixiefme.

Refponce dixiefme.

CE qui fuit en apres de deux
Roys d'Efpagne, qui (à ce
qu'il dit) fe font nommez & faict
couronner foubs le tiltre d'Empereurs des Efpagnes par la per-
miffion d'vn Pape, n'apporte nó
plus vn feul poinct dauantage
pour l'Efpagne en cefte caufe cy,
pourautant que nous n'auons pas
eu faute de Roys de la race de Capet, qui fe font nommez & quali-
fiez Empereurs de France, à auffi

iufte tiltre que ces Efpagnols là:
mais les Roys de la feconde race
l'ont bié obtenu à meilleures en-
feignes apres que Charlemagne
eut reduit par fa vaillance le Royaume d'Italie auec la Cité de Rome, & les Romains en fon obeif-
fance, & receu du Pape & d'eux:
outre plus les exclamatiós d'Empereur Augufte d'Occident, &
qui plus eft, que le droict de fe dire & porter tel : enfemble d'en y-
fer realement & de faict fur l'Italie, luy euft efté cedé & tranfporté
par les Empereurs d'Orient à Có-
ftantinople, aufquels le pouuoir
de ce faire appartenoit legitimement par le droict ancien des
Romains. Suyuant lequel auffi
aucuns autres Empereurs, à fçauoir Anaftafe & Heraclius auoiét
enuoyé auparauant à d'autres de

noz Roys de la premiere race: Cóme Clouis & Dagobert les tiltres
& ornements confulaires & Au-
guftaux. Parquoy fi le nom d'Empereur vfurpe par quelques Roys
d'Efpagne (quoy qu'il leur ait autant valu trainé que porté) a femblé auoir acquis par la raifon de
noftre plaideur quelque aduantage à l'Efpagne fur la Fráce. C'eft
à nous par le mefme d'adiuger à
la France ce qu'il luy veut defnier.

Et qu'il pourfuit encore luy ar-
racher par vn nouueau argumét,
auffi mal fondé que pas vn des
precedents, fe voulant preualoir
du droict que les Anglois ont autrefois querellé fur la Couronne
de France: Ainfi comme s'il auoit
efté adiugé à leur profit par l'ar-
reft de quelque Iuge de Cour
fouueraine, ou que les François

D ij

n'euſſent eſté fondez en meilleures & plus iuſtes raiſons qu'eux.
Leſquelles ont eſté propoſees,
reſpondues, chantees, & rechan-
tees de ſi long temps tant de fois,
& par tant de grands perſonna-
ges, que ce ſeroit niaiſerie de les
repeter, & de s'amuſer tant ſoit
peu à repliquer contre ce qu'il jar-
gonne de la loy Salique, où il s'en-
tend auſſi peu qu'il faict au reſte:
tellement qu'il reſte plus d'occaſion de ſe gaudir ſeulement de la
plaiſante conſequence qu'il a oſé
inferer de là, qui eſt telle : Que
puis que les Anglois ſe ſont laiſſez
deueſtir & priuer de ce droict là
qui leur appartenoit par leur hereſie, qu'on le veoit iuſtement de-
uolu à la maiſon d'Eſpagne, heritiere de celle de Bourgógne : mais
lors qu'il arguoyt ſi plaiſamment

il se deuoit souuenir que la maison d'Orleans plus proche que la
Bourguignonne, n'estoit encore
faillie en masles ny en femelles.
Cependant s'il est permis à nostre
plaideur d'arguer ainsi pour l'E-
spagne contre nostre France, &
de denigrer si sottement qu'il a
faict nostre loy Salique, & de des-
nier aux Estats generaux de la Fráce le pouuoir & liberté de prefe-
rer selon icelle loy le domestique
à l'estranger: mesmement aussi de
reprouuer & condamner le iugement donné sur cela par iceux. Il
me sera semblablement permis
de retorquer pour la maison de
France côtre celle d'Espagne, toutes les raisons, causes, allegations,
& conclusions precedentes, dont
le plaideur s'est voulu seruir en ce
à son intention, & ce auec autant

D iij

meilleure occaſion qu'il ſe peut
faire, auec plus de droict de raiſon & de verité qu'il n'en a de ſon
coſté. Car puis que l'Eſpagne ne
s'eſt oncques voulu aſſubiectir à
vne loy telle que noſtre Salique,
on ne me ſçauroit nier, que quád
le poinct dont nous debattós ap-
partiendroit iuſtement à l'Eſpagne, que noz Roys neantmoins
ſe le pourroient ou deuroiét plus
iuſtemét approprier & attribuer,
comme eſtans les vrays & legiti-
mes heritiers des principaux mé-
bres & couronne d'Eſpagne, que
les Roys qui les poſſedent auiour-
d'huy, qui n'en ſont que deten-
teurs & vſurpateurs ſur les noſtres. En premier lieu de celle de
Caſtille : de laquelle ſainct Loys
deuoit legitimement heriter par
le droict de Madame Blanche ſa

mere, fille aifnee du Roy Alphonce le noble, apres le trefpas du Roy
Henry fils vnique d'iceluy, dece-
dé fans enfans, s'il n'euft efté iniuftement fupplanté & exclus par fa
tante puifnee, & puis des Royaumes, Cotez & principautez d'Arragon, Valéce, Cathelogne, Bar-
celône, Rouffillon, & Cerdagnes,
qu'on fçait eftre efcheuës de droit
hereditaire par deux fois à la maifon d'Anjou, laquelle neatmoins
en a efté toufiours iniuftement
fraudée & deboutée, y ayât comme a dit clairement Guichardin)
la force & violéce plus eu de pouuoir qué le droiĉt & la loy. Qui
ne fçait femblablement que la
maifon de Boulongne eft la legitime heritiere de Portugal, non-
obftât que la cruauté & defloyau-
té d'vn pere enuers fes propres

fils aisnez, l'a despouillee de ce
droict là pour en gratifier ceux de
son secód lict, ou pluſtoſt de mariage prohibé de Dieu & de ſon
Egliſe? Et quant au Royaume de
Nauarre, la memoire eſt encor
toute fraiſche de la maniere, comme il a eſté autant deſloyaument
que frauduleuſemét tollu & vol-
le à la maiſon de Foix & d'Albret,
Qui ne voit doncques de ce que
nous venons de dire, que les Roys
d'Eſpagne n'ont que demander à
noz Roys? Car quát au faict d'hereſie, dont ils ſe veulent ayder,
qui eſt le plus criminel, ou qui pe-
che inſciemment, & tient le chemin qu'on luy a monſtré pour le
meilleur, & s'il le ſçauoit eſtre autre il s'en deſtourneroit prompte-
ment: ou l'autre qui retiét le bien
de celuy là ſciemment & de mau-

uaiſe volonté, ſans en vouloir faire reſtitution? Et pour s'engraiſſer
encore dauantage du reſte de ſa
ruine (faiſant venir la faute d'iceluy à ſon profit ſoubs vn faux pretexte de zele & religion) luy ſuſ-
cite & attiſe vne guerre ciuile qui
apporte plus de maux, miſeres &
calamitez à la Chreſtienté, de de-
ſtruction & de deſolation à l'E-
gliſe, de corruption de mœurs, &
aneantiſſement de tous droicts
diuins & humains, de polution &
prophanation au ſeruice de Dieu,
de blaſphemes, impietez & for-
faicts abominables contre la di-
uinité, que ne pourroit faire l'hereſie qu'on luy met à ſus (car c'eſt
ce qu'on craint le plus) que pour
l'accabler plus ayſemét en la mau-
uaiſe opinion qu'on faict auoir
de luy. D'autre-part qui me gar-

deroit de recriminer si ie voulois
contre l'Espagne les blasphemes
de son Alphōce dixiesme Roy de
Castille l'Astrologue, qui taxoit
Dieu d'ignorance en la composition de ses œuures : Et son Pierre
Roy d'Arragon, qui fut declaré
heretique l'an 1302. par les Iaco-
bins inquisiteurs de la foy, pource
qu'il appelloit l'Eglise Romaine
vne autre Gomorrhe. Or ayant le
plaideur si vaillamment discouru
pour l'Espagne, que nous venons
de veoir, vient finalement à dres-
ser le trophee, corner la victoire,
& demāder le triomphe, comme
s'il auoit amené toute l'entreprin-
se à chef, gaigné le champ, & mis
l'ennemy en route en la maniere
qui s'ensuit.

Conclusion.

QVe pour-autant que les Roys
d'Espagne ont guerroyé & combattu les Maures par l'espace de huict
cens ans, ont enuoyé secours à l'entre-
prinse de la guerre Saincte, remis le Pape Eugene en possession de la marque
d'Ancone, & le Pape Leon de celle de
Parme & Plaisance, qui luy auoient
esté soustraictes par les François, &
pour auoir outre-plus rendu beaucoup
d'autres bons seruices au siege Romain:
Dauantage, que pource que l'Espagne
est selon les cartes Geographiques &
Cosmographiques la premiere des prouinces, chef & commencement du monde. La premiere semblablement qui s'est
affranchie & deliuree de la subiection
de l'Empire Romain; Cōme aussi soubs
le Roy Ferdinand premier, & le Pape
Vrbain de la redeuance & recognois-

Raifons & caufes de prefeance.

fance que les prouinces Chreftiennes
deuoient aux Empereurs d'Allemagne,
en faueur de ce que leurs biens & leurs
vies eftoient perpetuellement employez,
& expofez à la guerre des infideles.
D'abondant pource qu'elle eft le chef de
l'Europe, le premier & le plus ancien
Royaume Chreftien libre, & non tributaire à aucun autre, côme on fçait qu'eft
celuy de France de la fomme de 50. mil
efcus: ayant tiltre d'Empereur & de
Roy de Hierufalem, & de feigneur du
nouueau monde, auec l'honneur d'eftre
premier Gonfalonnier du Pape. Pour
ces caufes, & pour n'y auoir aufsi preuue certaine & vallable, qu'il ayt efté
& verifié que la France ayt oncques
obtenu ny efté en poffefsion du droict,
ny de l'effect de cefte prefeance dôt nous
debattons, il n'eft iufte ny raifonnable
qu'aucun Royaume l'a precede, & ne
fe doit ny croire ny accorder telle poffef-

*sion, puis que celuy qui la debat n'en
peut faire apparoir.*

Responce à la conclusion.

PVis qu'il a pleu à nostre aduersaire de proposer telles cóclusions sur les raisons qu'il allegue & auoit alleguees auparauát, encores que nous les ayons quasi toutes demóstrees faulses, & celles qui n'ont esté touchees soient si ridicules & impertinentes, que elles se font cognoistre d'elles-mesmes, nonobstant que ie ne les veux laisser passer sans móstrer ce qu'elles valent, i'espere qu'il ne sera pas trouué mauuais que ie presente pareillement les miennes apres les siennes, d'autant que ie les tiens de tant plus iustes & raisonnables qu'elles se verront plus certaines & veritables, & que ie peux mesmes conclure hardi-

ment, que puis que tout ce qu'il
vient de propoſer pour l'Eſpagne
a eſté verifié appartenir plus iuſtement à la Fráce, & que beaucoũp
plus luy eſt outre cela deu, que
l'Eſpagne ſe doit par raiſon de-
porter de ce qu'elle pretend ſur
icelle. Comme auſſi en premier
lieu ayant eſté en quaſi perpetuel-
le occupatió & exercice des guerres & des armees pour la deſſence
& augmentation de l'Egliſe, de la
religion, & de la Chreſtienté, par
autant ou plus de ţemps que n'a
l'Eſpagne, & plus de deux cés ans
deuant qu'elle comméçaſt, à ſçauoir depuis le bapteſme de Clouis, qui ſe feit l'an cinq cens, iuſques apres plus de l'an 1300. ou
contre les nations de la Germanie, ou autres de Septentrion,
Payennes & idolatres, à ſçauoir

les Allemans, Sueues, Turingiés,
Bauariens, Saxons, Frisons, Escla-
uós, Vinides, Abodrites, Vvilses,
de Boësme, de Moranie, de Carinthie, Istrie, & Styrie: Ensemble
les Danois, Normans, & Auarois,
ou contre les heretiques & Arriés, telles que les Vvandales, Visigots d'Espagne, Ostrogots, &
Lombards d'Italie, & Bourguignons, ou contre les Mahumeti-
ques: Comme Maures, Sarrazins,
Arabes, Perses, Turqmans, Turcs,
Bedheins, Assassins, Brassions, tát
dedans que dehors la France, en
Italie, Sicile, en Grece, en Asie, en
Cypre, Syrie, Palestine, Egypte,
& Affrique, signamment en Espagne, où ils n'ont pas moins faict,
ny gueres moins de temps combattu pour la Chrestienté, que les
Espagnols mesmes ayás eux seuls

& ſans iceux, deliuré vne bonne
partie d'icelle des mains des infideles, & aydé à deliurer l'autre, &
par leurs victoires, ſi bien rendu
l'aduantage aux Chreſtiens qu'il
leur y eſt demeuré. Tellemét que
ſans grande ingratitude elle ne ſe
doit recognoiſtre gueres moins
redeuable pour ſa deliuráce à noz
Roys qu'aux ſiés propres. Et puis
n'eſt-ce pas beaucoup d'honneur
à la France d'auoir ſeruy de ram-
part au reſte de la Chreſtienté, côtre les infideles, de les auoir deſ-
côfits & chaſſez de chez ſoy, ſans
les y auoir laiſſé nicher ny prendre
terre, qu'à l'Eſpagne de s'eſtre laiſſé ſubiuguer & occupper hôteu-
ſement par eux? Quant au ſecours
qu'il dit auoir eſté enuoyé par les
Roys d'Eſpagne à l'entrepriſe de
la guerre Sainéte, eſtant tel, que

toute

toute l'histoire d'icelle n'en fon-
ne aucun mot, & ne rend aucun
tesmoignage qu'il s'y soit faict
paroistre. Quel peut-il auoir esté
à comparaison de celuy qui est
party de nostre Frace, sinon qu'v-
ne Mousche à proportion d'vn
Elephant? Car comme de toutes
nations de la Chrestienté il n'y en
a point qui se soit mois employee
à ceste guerre là que l'Espagnolle:
aussi n'y en a-il point qui y ayt ex-
posé de leurs propres personnes,
ou de leurs subiects, plus de leurs
moyens, puissances, & facultez,
ny du commencement, ny à la fin,
ne si longuement, ne si souuenc,
& si continuellement qu'ont fait
les Roys & Princes de Frace. D'où
vient qu'au premier voyage qu'il
s'y feit, il n'a esté sceu, ny veu vn
seul Capitaine de marque & de

E

renom, qui ait eu charge ou conduitte en l'armee, ou qui s'y ſoit
faiᶜt valoir & renómer par quelque faiᶜt & exploiᶜt memorable,
qui n'ait eſté Fráçois, ou des Normans iſſus de France. Pareillemét
auſſi que tous les Royaumes, Prouinces, & citez qu'on y conque-
ſta, furét laiſſez en la garde & poſſeſſion des François. Dauantage
que depuis la conqueſte faiᶜte les
affaires du Royaume de Hieruſalem & de la terre Sainᶜte, ont eſté
touſiours códuites & gouuernees
iuſques à la totale perte d'icelle
par gens & hommes de nation
Françoiſe : meſmement que le tiltre de Roy n'a oncq' eſté porté à
Hieruſalem, ny depuis à Acre,
que par aucun du ſang de la Nobleſſe Françoiſe. Qui ne ſçait au
reſte, que de là eſt venu q̃ les peu-

ples d'Orient pensans n'auoir yeu
deuers eux autres que François,
& que tous ceux d'Occident fuffent comprins foubs eux, les ont
tous nommez du nom de Francs.
Tellemét que les Espagnols mefmes à leur premiere arriuee en
toutes les Indes, en la Chine, & en
Ethiopie, ne se veirent nommez
& cogneus foubs autre nom que
de celuy-là. Ie pourrois adioufter
à ce propos beaucoup d'autres
poincts de la bonne renommée
que les Fráçois se font acquis par
deffus tous les autres de l'Europe
enuers les peuples d'Orient, fi ie
ne les auois amplement deduits
en vn autre traicté. Parquoy ie
viens à ce grád feruice que les Efpagnols fe vantent auoir faict au
Pape Eugene, en luy reftituant la
marche d'Ancone, & au Pape

E ij

Leon les villes de Parme & Plai-
fance, lequel eſt tel, qu'il leur deuoit auoir donné plus d'occafion
de le taire & diffimuler, que d'en
faire monſtre & parade; car la re-
ftitution de l'vne & de l'autre ne
peut eſtre attribuee à bien-faict
obligatoire, pource que le Pape
acheta & paya bien cherement
celle d'Ancone au Roy Alphonce
d'Arragon, qui auoit cóquis nouuellemét le Royaume de Naples,
luy donnant l'inueftiture d'iceluy, nonobſtant qu'il l'euſt ja dó-
nee auparauant au Duc d'Anjou,
à qui elle appartenoit plus iuſtement, & fans laquelle l'Arragon-
nois n'euſt rien voulu entreprendre pour le Pape, encore qu'il euſt
les forces d'iceluy auec les fiénes.
Touchát Parme & Plaifance(qu'il
deuoit pluſtoſt dire auoir eſté ren-

dues à Iules qu'à Leon) quel merite y peut auoir acquis l'Espagne
plus que les troupes Papales, Ve-
nitiennes, de l'Empereur, & des
Suisses qui estoient en plus grand
nombre qu'eux tous, & qui les re-
prindrét ensemble auec eux, non
encore par force de guerre, ne par
composition, ains les trouuant
abandonnees de François qui les
quitterent volontairement pour
aller secourir la France. Mais quãd
encore les Espagnols y auroient
plus faict, le gre en seroit perdu,
les ayãt depuis l'Empereur Charles ostees au fils du Pape son gen-
dre, & retenu tousiours l'vne d'i-
celles. Et quand outre-plus le cõ-
traire seroit aduenu, qu'y a-il en
tout cela digne d'estre mis en balance auec la moindre partie des
dons & bien-faicts des Roys, Pe-

pin, Charlemagne, Loys le Debô-
naire, Charles le Chauue , & aux
voyages & armees qu'ils menerét
en Italie au secours des Papes côtre leurs ennemis, ou à tout l'exarchat de Rauenne, & au Domaine qu'a l'Eglise Romaine en Italie dóné par eux. Tesmoin ce que
Anastasius, Blondus, Sabellic, Vo-
laterranus, Pline, Onufrius & Sigonius en ont rapporté en leurs
histoires : & ce que nous en auons
allegué cy dessus du Pape Iean,
qui fut du temps du Roy Charles
le Chauue, s'il confesse & raconte
en la harangue qu'il feit lors qu'il
le proclama Empereur. Dauantage, qui a soubmis & rendu tributaires & feodaux au siege Romain
les Royaumes de Naples & de Sicile, sinon les Normans François?
D'où est aussi venu l'estat de Gon-

falonnier de l'Eglise, sinon de là?
Qui remeist le Pape Vrbain en
son siege sinon les François? Iceluy mesme pour esmouuoir la
premiere guerre contre les Turcs
& deliurer la terre Saincte de leurs
mains, où trouua-il meilleur de
s'addresser qu'en France? Pourquoy est-ce que le mesme Pape
Vrbain & ses successeurs, Paschal,
Calixte, Alexandre, Innocent iiij.
& autres, se trouuât molestez des
Empereurs en Italie, n'eurent leur
refuge & retraicte ailleurs qu'en
France? Mais pendant le temps
qu'ils y seiournerent, qui les y
nourrit eux & leur court, sinon
icelle mesme? Qui secourut & de-
fendit le siege Romain contre
Manfroy fils de l'Empereur Fre-
deric qui les guerroyoit, sinon
Charles de Prouence frere du Roy

E iiij

Raisons & causes de preseance
sainct Loys, par lequel aussi il fut
vaincu, deffaict, & debusqué d'i-
celuy Royaume, & par les forces
de France, à l'instance & sollicita-
tion des Papes. A l'occasion desquels merites le Roy Philippes
Auguste se plaignant de l'ingratitude du Pape Luce, qui vouloit
distraire l'Euesché de Dole de la
soubmission qu'elle deuoit à l'Ar-
cheuesché de Tours, luy escriuit
ces mots : *Si obliuisci potuerit ma-*
ter filiorum vteri sui, & Ecclesia Ro-
mana regni Francorum : cum vtrum-
que de iure sit impossibile de natura
difficile de facto enorme. Quid enim
vltra facere debuimus matri nostræ &
non fecimus, ei vsque in hodiernos dies
cum patribus nostris? Cum gaudente
gauisi sumus & cum flente fleuimus v-
trumque calicē passionis & lætitiæ, sine
simulationis dolo aut lætitiæ combiben-

tes, *persecutiones ipsius quæ frequentius*
acciderunt, patres nostri Reges Franco-
rum, & robustis portabant humeris &
extêtis brachijs defendebant: Exempla
promere est beneficia retractare quo-
rum debet is in quem colata sunt non
qui contulit meminisse, c'est à dire:
Si la mere peut oublier le fruict de
son ventre, aussi fera l'Eglise Romaine le Royaume des François,
l'vn & l'autre estant de droict im-
possible, de nature difficile, & de
faict tres-enorme. Car que pourrions nous auoir faict pour nostre
mere, que nous n'ayons fait pour
elle iusques icy, comme aussi noz
peres? Nous no⁹ sommes resiouys
en sa prosperité, & auons pleuré
en son affliction, ayans beu la
couppe d'affliction & celle de res-
iouyssance auec elle sans aucune
dissimulation. Et pour les perse-

Raisons & causes de preseance
cutions qui luy sont assez souuent
arriuees, noz peres les Roys de
France, les supportoient comme
sur leurs espaules, & les en tiroiét
à force de bras : d'en alleguer les
exemples c'est reprocher les bien-
faicts, desques la memoire doit
demeurer, nó par deuers celuy qui
les a faicts, mais à celuy qui les a
receus. Puis apres : *Hæc ne sunt be-*
neficia meritorum regni nostri ; hæ re-
tributiones & gratiarum actiones de-
uotionis, & fidei quam Ecclesiæ Roma-
næ patres nostri semper exhibuerunt, in
omni persecutione, vestra parati pro
Ecclesia Domini, & imperare fideliter
suis, & resistere viriliter alienis. c'est à
dire:Sont-ce là les bien-faits deuz
aux merites de nostre Royaume?
Sont-ce les recognoissances de la
deuotion & fidelité que noz peres ont tousiours tesmoignee à

l'Eglise Romaine, touſiours preſts
en toutes voz perſecutions de cō-
mander fidelemét à leurs ſubiects
pour l'Eglise du Seigneur, & de re-
ſiſter courageuſement aux eſtran-
gers. Voila ce qu'eſcriuoit ce Roy
là enuiron l'an 1190. qui euſt eu
vn bien plus ample ſubiect, s'il
euſt eſté viuant pour l'eſcrire cent
ans apres. Mais ie laiſſe aux Eſpagnols à chercher où ils en pourroient ſans menſonge autant dire
d'eux. Puis qu'on ne s'eſt encore
peu aduiſer d'autre plus grád merite de leurs Roys enuers le ſiege
Romain, que de la reſtitution de
la Marche d'Ancone, & des villes
de Parme & Plaiſance, Dont on
peut iuger de combien plus ils ſe
voudroient preualoir s'ils auoient
autant faict pour iceluy que feit
le Roy Loys douzieſme, lors qu'il

rendit au Pape Iule (ſans ſalaire &
remuneration) toutes les villes
que les Venitiens detenoient de
ſon ſiege , apres les auoir vaincus
de ſes ſeules forces à la iournee
d'Agnadel , ou bien s'ils auoient
faict paſſer en Italie à leurs propres couſts & deſpés deux armees
telles que furent l'vne que le ſei-
gneur de l'Autrech y mena vn
peu deuant noſtre temps, laquelle contraignit les Eſpagnols de
mettre le Pape Clement priſon-
nier depuis huict moys qu'ils l'a-
uoiét prins au ſaccagemét de Rome, l'ayant mis à vne cruelle &
enorme rançon , nonobſtant que
l'Empereur euſt faict beau ſem-
blant d'eſtre deſplaiſant de tout
cela , mais il ne ſe voit point que
il laiſſaſt de faire moins ſon profit
de ſa victoire , ne que le Pape en

fuſt pluſtoſt eſlargy, ou luy fuſt
faict meilleur marché de ſa ráçon.
L'autre que le Roy Henry ſecond
enuoya ſoubs la cõduitte du Duc
de Guyſe, au ſecours du Pape Ca-
rafe contre les Eſpagnols, qui luy
faiſoient la guerre dedans le ter-
roir de Rome. Leſquelles exemples m'aduertiſſent de dire, qu'il
ne s'eſt point veu que les Eſpagnols n'ayent eſté beaucoup plus
ſouuent contraires & aduerſaires,
que fauorables au ſiege Romain,
& qu'ils ne l'ayent plus ſouuent
opprimé que defendu. Dauantage qu'ils ſe ſont touſiours mis en
deuoir de plus gaigner ſur iceluy,
& par iceluy, que de luy donner à
profiter d'eux ou ſur eux. A l'op-
poſite que le contraire s'eſt touſiours obſerué és Frãçois, & qu'ils
n'õt iamais eu querelle ou diſſen-

tion auec les Papes, ſinon pour la
defence de leurs biens & droicts,
& dont l'offenciue n'ait eſté com-
mencee d'iceux. Dont on voit
bien qui a faict tourner ſi court
noſtre plaideur en la commemo-
ration des merites & bien-faicts
des Roys d'Eſpagne enuers la ré-
ligion & republique Chreſtienne: & que pour recompenſer ce
default il vient eſblouir les yeux
du monde d'vn amas de badine-
ries ſi fades & ſi ridicules, qu'elles
donnent plus de matiere de gaudir que de iuger de ſa cauſe. Meſmement la premiere, quand par
là carte Coſmographique il veut
argumenter que l'Eſpagne eſt la
premiere prouince du monde, &
chef de l'Europe : Car encore que
la primauté de toutes les prouinces ait eſté du conſentement vni-

uerſel de tous les ſiecles & natiós
laiſſez à l'Orient, où l'on conſeſſe
le premier hôme auoir prins ſon
origine, & de là eſtre ſortie la pro-
pagation de ſon genre, auec l'in-
uention de tous les arts & ſcien-
ces enſemble, & l'eſtabliſſement
des premieres Monarchies: tellemét qu'à l'eſgard d'iceluy l'Eſpagne ſe doit pluſtoſt dire la dernie-
re du móde, & le pied ou la queuë
de l'Europe. Neantmoins quand
elle ſeroit vrayement la premiere,
& le chef, comme il la dit, en doit
elle pourtant emporter quelque
prerogatiue ſur les autres? Et puis
qui l'a faict oublier ou tarder, de
la debattre iuſques à maintenant,
que ne s'en eſt elle autrefois pre-
ualu contre les Gaulois qui s'allerent habituer en icelle? Depuis có-
tre les Carthaginiens, en apres có-

tre l'Empire Romain. Finalement
contre les Viſigots & les Maures?
Touchãt ce qu'il a dit apres qu'elle a eſté la premiere affranchie de
la ſubiectiõ de l'Empire Romain,
quoy que faux, d'autant que le
Royaume de Bourgõgne s'y op-
poſe, & les prouinces Armori-
ques de la Gaule, auec la Septima-
nie & Aquitaine, qui furent premieres occupees par les Viſigots
que l'Eſpagne, au contraire il la
deuoit pluſtoſt dire auoir eſté reduicte en vne plus cruelle & honteuſe ſeruitude de corps & de cõ-
ſciéce, qu'elle n'eſtoit ſoubs l'Empire Romain? Et pource ne doit
eſtre appellé honneur ce qui luy a
eſté à malheur & vitupere? Mais
n'eſt-ce pas pluſtoſt le Royaume
de France, qu'on doit dire le premier affranchy, tãt pour la vertu,
bonté,

bonté, & proüesse des François,
que par la cession & resignation
liberale & volontaire du droict
que les Empereurs y auoient, ou y
pouuoient pretédre, & de ce que
les anciens habitans se soubmi-
rent à iceluy plus de leur bon gré
& vouloir que par force, auec ce
qu'il ne leur fut rien changé ny di-
minué de leurs anciénes libertez,
loix, & police soubs ceste nou-
ueauté. Pour lesquelles raisons il
ne se peut dire que depuis la cheu-
te de l'Empire Romain, il y ait eu
Royaume, ny Empire mieux ny
tant bien fondé en ses droicts, ny
tant ou plus souuerain, & libre de
toute recognoissance superieure,
que celuy de France, lequel a eu
outre cela de plus, que par iceluy
a esté derechef releué l'Empire
Romain, & remis sus en Occidét

F

Raisons & causes de preseance
en la personne de Charlemagne
non titulairement seulemét, ains
realement & defaict, & d'iceluy
semblablement sont sortis ceux
qui allerent depuis conquester, &
posseder par vn bon espace de
temps l'Empire de Constantino-
ple, & les Royaumes de Naples &
de Sicile par deux ou trois fois,
d'Angleterre, de Hierusalem, &
les plus grádes prouinces de l'Asie
mineur, Sirie & Palestine, & ceux
aussi qui possederent par droict
hereditaire les Royaumes de Hó-
grie & de Nauarre. Ceux, dy·ie,
dont les Turcs, qui apres auoir
subiugué l'Oriét iusques à la mer
de Grece se vátoient estre les princes du monde au faict de la guerre, y ayans esprouué la force &
vaillance des François se persua-
derent qu'vne si belliqueuse na-

tion ne pouuoit auoir esté engen-
dree que de mesme race & souche
qu'eux, & que partant il n'appartenoit qu'aux François, & à eux
de faire le mestier de Cheuallerie,
& des armes. Au reste, puis que
l'Empire a esté remis sus en Occident, par les François possedé &
gouuerné par eux à la maniere des
anciens Empereurs : tellement
que toutes les histoires d'Italie
conuiennent vnanimemét qu'elle n'a iamais esté en vn plus heu-
reux & florissant estat que soubs
leur domination, & que nostre
partie aduerse confesse que toutes les autres nations ont esté re-
deuables de quelque recognoissance à cet empire là signamment
l'Espagnolle, qu'il dict en auoir
esté exemptee & affranchie soubs
le Pape Vrbain enuiron l'an mil

de noſtre ſalut. N'eſt-ce pas à dire
qu'elle n'a pas eſté le premier royaume libre, ny premier affranchy
que la Fráce, qui l'a rouſiours eſté
depuis le Roy Clouis, n'ayát rien
perdu de ſa ſouueraineté au tran-
ſport de l'Empire aux Allemäns,
d'autant qu'ils ne l'auoient acqui-
ſe par les Papes, ſelon qu'a eſte re-
monſtré cy deſſus: outre ce poinct
là l'Eſpagne ne ſçauroit encore
nier, ſans deſmentir tous ſes hi-
ſtoriens domeſtiques, qu'elle ne
ſoit recognue feudataire de la
coüronne de France par l'eſpace
de plus de cinq cens ans depuis
Charlemagne, à raiſon des Comtez de Barcelóné & de Cerdagne:
comme auſſi ie ne péſe pas qu'elle vouluſt diſſimuler qu'elle ne ſe
tienne deuoir quelque cenſe &
tribut, & ligeance au ſiege Ro-

main, à raison des Couronnes tãt
de Castille, Leon, d'Arragon, Portugal, & Nauarre, que de celle de
Naples, Sicile, Maiorque, & Mi-
norque. Et quant au pays bas, on
fçait que les vns sont membres
de la Couronne de France, les autres tiennẽt de l'Empire. De quel
aduantage donc se peut maintenant la maison d'Espagne preualoir en la cause que nous debattons sur celle de France, puis que
les tiltres mesmes luy appartien-
nent de droict legitime & hereditaire, sur lesquels l'Espagnol fon-
de sa pretention, n'en estant que
detenteur & vsurpateur. Quant
aux cinquante mil escus que les
François ont autrefois deubz &
payez aux Anglois par certain
traicté de paix, la franchise & souueraineté de France n'en a esté

iamais amoindrie ny diminuee
pour iceux, né plus ne moins que
les Eſpagnols ne ſe voudront có-
feſſer priuez & decheus de la leur
par les cent mil, qu'ils ſont tenus
de payer à noz Roys pour le Royaume de Naples. Touchant le tiltre d'Empereur, qu'aucuns Roys
d'Eſpagne ſe ſont autrefois dóné,
puis que les Roys qui ſont venus
apres eux, & celuy meſme d'auiourd'huy n'en ont faict cas ne
miſe : pourquoy veut-il que nous
le faciós plus valoir qu'eux ? Quel
droict ſemblablemēt de preſeance leur peut auoir apporté celuy
de Roy de Hieruſalem, quand
ceux qui le conqueſterent iadis
par leur vertu & prouëſſe, ne s'en
attribuerent oncques aucun ſur
les autres Roys à raiſon d'iceluy,
ioint qu'ils doiuent faire premie-

rement liquider le droict qu'ils
ont sur iceluy contre ceux qui pé-
sent en auoir plus qu'eux. Surce ie
laisse à iuger aux Lecteurs equita-
bles & non passionnez, si la preseance n'est pas plus iustement
deuë à noz Roys qu'à ceux d'E-
spagne, & si nous n'auons pas assez suffisamment verifié qu'ils en
sont en possession de toute ancié-
neté. A ceste cause nous mettriós
icy fin à nostre dispute, si nostre
disputeur ne nous contraignoit
par vne nouuelle recharge d'ob-
iections & de calomnies contre
l'honneur de noz Roys, qu'il a ad-
ioustee aux raisonnemens precedents, de ne le laisser retirer sans
responce & defence: Car ne pou-
uãt ignorer (s'il n'a le cerueau tout
gangrené d'ignorance des choses
passees, signamment de celles de

Raisons & causes de preseance
son pays) que les Papes n'ayét des
obligations infinies à la Couronne de France, pour le grand nombre des bien-faicts qu'ils ont receus de noz Roys. Voicy comme
il s'efforce de les exterminer, &
noircir de calónies faulses & ma-
lignes, pensant que chacun les iugera aussi legerement que luy, disant.

Calomnie.

QVe le commun populaire dit que
les Roys de France ont donné ayde & secours quelquefois aux Papes,
mais qu'on le nie, pource qu'à l'opposite
les Papes ont plus receu de destriments
& fascheries d'eux qu'autre chose.

Responce.

LE lecteur obseruera icy la
malice du personnage, qui
attribüe au populaire ce qui est

tefmoigné par tous les plus fa-
meux hiftoriens d'Italie, & par la
bouche de beaucoup de Papes, &
puis en faifant du Preftre Martin,
il refpond qu'on le nie, c'eft à dire
luy & ceux qui font pouffez de
mefme paffion que luy enuers les
François, qui font femblant de ne
fçauoir ce qu'ils ne voudroient
eftre veu ny creu : neantmoins il
eft contraint de côfeffer que noz
Roys ont efté quelquefois au fecours des Papes, & de ces fois là il
n'en conte que trois pour toutes,
& pour tous autres bien-faicts
que les Papes peuuent auoir receus d'eux, & parle encore fi mai-
grement de ces fecours là, qu'il
veut faire fembler que noz Roys
leur doiuent beaucoup de retour
n'ayans rien donné, ains feulemét
bien peu rendu de ce qu'ils do-

Raisons & causes de preseance
uoient, & que l'vn des secours n'a
esté à l'intétion des Papes, & l'autre faict en vain sans qu'il fust necessaire. Voicy comme il parle du
premier.   *Calomnie.*

L E Pape Zacharie donna le Royaume de France à Pepin pere de
Charlemagne, au preiudice du Roy qui
viuoit, & pour ce plaisir se trouuans
obligez baillerent secours aux Papes
contre *Astulphe* & *Didier* Roys des
Lombards, qui faisoient fascheries à la
Cité de Rome & aux Romains. Le secours a esté reiteré par trois fois, & cause que le Pape *Leon* feit *Charlemagne*
Empereur & son fils *Pepin* Roy d'I-
talie.   *Deffence.*

O N ne pourroit declarer ou
exposer par le menu au log
le nombre & grandeur des bien-
faicts & merites & bons offices
que des Papes ont receu de noz

Roys, sans vne trop longue & en-
nuyeuse prolixité de paroles, có-
bien que ie pense en auoir assez
suffisamment dict cy dessus pour
ce qui concerne nostre cause, &
pour conuaincre tant les faulsetez & calomnies dernieres de nostre plaideur, que ses premieres.
Ce qui me gardera d'en charger
icy le papier dauantage, me contentant seulement que chose ne
fut iamais plus faulse ny meson-
gere que celle qui est icy dicte des
Papes Zacharie & Leon, pource
que la Couronne & Royaume de
France, ne furent oncques en la
disposition & conference des Papes, & ne pouuoit Zacharie donner ce qu'il n'auoit, & qui n'estoit
ny auoit oncques esté en sa puissance, ny d'aucun de ses predecesseurs. Et puis ce qu'on enuoya

vers luy ne fut pour luy demander le Royaume, ains ſon aduis &
iugement pour celuy à qui il luy
ſembleroit, le tiltre de Roy deuoir mieux appartenir, afin d'o-
ſter vn ſcrupule au peuple & à la
Nobleſſe. Or qui eſt-ce qui dira
que le iuge ou arbitre ſoit dona-
teur de ce qu'il adiuge par ſon iugement; Pour le faict de Leon enuers Charlemagne, on peut ſemblablement dire qu'il ne l'a point
fait, ny peu faire Empereur, pource que cela n'eſtoit de ſon pouuoir ny de ſon gibier: mais voyāt
qu'il auoit ja en ſoy tout ce qui
rend vn Prince capable & habile
d'eſtre & ſe dire Empereur: à ſçauoir la puiſſance, force, authorité, ſouueraineté, eſtendue d'Empire, & de ſeigneurie conuenable
à vn Empereur, auec la realité to-

tale d'icelle dignité, d'autant mef-
mement qu'il commandoit à la
meilleure partie d'Italie & à la Cité de Rome, & aux Romains, aufquels il donnoit fes iuges & officiers: De forte que rien ne luy de-
failloit plus que le nom & tiltre
Imperial, lequel femblant au Pape plus augufte & magnifique
que le fimple Royal, s'aduifa de le
luy faire prendre, le proclamant
& faifant proclamer Empereur
d'Occident par tous les Eftats de
Rome, à la façon qu'on procla-
moit les anciés Empereurs. Pour
cela neantmoins il ne faut inter-
preter qu'il l'ait faict Empereur,
pource que fa proclamation ne
luy euft pas vallu d'vn feftu s'il
n'euft efté, & eu ce qu'il eftoit &
auoit auparauant. Outre ce que
paricelle feule ce droict de la di-

gnité ne luy euſt pas eſté legitimement acquis ne demeuré, s'il
ne l'euſt obtenuë par la tráſaction
qu'il feit l'ánee d'apres auec l'Empereur de Conſtantinople. Vne
autre pareille abſurdité eſt à l'en-
droiçt de Pepin qu'il auoit faict
Roy d'Italie, encore qu'il ne l'aye
que couronné ſeulement, ayant
iceluy eſté ja inſtitué Roy auparauant par ſon pere. Voila ce que
i'ay à dire pour le premier ſecours,
qu'on iugera s'il a eſté dóné pour
obligatió qui le meritaſt. A quoy
ie veux encore adiouſter, que có-
bien q̃ nous ne venions faire mé-
tion que de trois ſecours pour les
Papes à cauſe des Lóbards, neantmoins que Charles en donna encore quelques autres outre ceux-
là, vn ſignamment au Pape Leon,
lequel aucuns citoyens de Rome

auoient si mal traicté en sa personne, qu'il fut en danger de perdre les yeux, & contraint de se retirer vers Charles, qui fit vn voyage tout expres à Rome pour luy,
où il chastia ses aduersaires, & luy
donna permission de se iustifier
par son propre serment des cri-
mes dont ils l'accusoient. Ce qui a
esté vn prejugé pour tous ses successeurs. Et de là vint la cause qui
le feit ingerer de proclamer Charles Empereur, auec les obligatiós
precedentes qu'il auoit ja à luy.
Reste à parler des deux derniers
secours, desquels il dict, que le second fut l'armee que l'Autrech
mena contre l'armee de l'Empereur Charles, qui auoit saccagé
Rome, & tenoit le Pape prisonnier en icelle, dont il parle en ceste
sorte, disant:

Calomnie.

Cela on reſpond en trois manieres, l'vne que l'armée eſtoit conduitte par Bourbon banny de France, l'autre que l'intention de ceſte guerre n'eſtoit pour ayder au Pape, ains pour chaſſer l'armee Imperialle d'Italie, & conqueſter l'Eſtat de Milan & de Naples. Le dernier que l'Empereur receut vn grand deſplaiſir des maux que ſon armee auoit faict dedans Rome, comme il feit paroiſtre par le dueil qu'il en mena auec toute l'Eſpagne, où le ſon des cloches en fut ceſſé par pluſieurs iours.

Defence.

SI l'Empereur doit eſtre excuſé ſur Bourbon, & ſi l'intention de l'armee de France a eſté ſimplement telle qu'il dit, ie m'en rapporte à ce que Guichardin en a eſcrit. Au reſte le dueil & deſplaiſir

plaisir de l'Empereur & de l'Espagne pour la prise de Rome & prise du Pape, ne furent que larmes
de Crocodiles iettées quand on
le vouloit acheuer d'engloutir;
Car qu'a signifié autre chose que
cela, ce qu'on l'a laissé tremper
sans misericorde en vne calami-
teuse captiuité l'espace de huict
mois? Ce qu'il y a esté traicté sans
respect à toute rigueur, & qu'au
bout d'icelle on l'escorcha d'vne
cruelle rançon sans aucune grace,
mercy, ny rabais : & que nonobstant icelle il ne pouuoit obtenir
son eslargissement sans la crainte
& venuë de l'armée de Fráce. Dauantage, que l'Empereur ne voulut enuoyer de toute ceste année
là aucun payement à son armée
afin de l'affamer à mal faire , &
puis la laisser acharner & remplir

G

de ſa proye, ayant auparauant ac-
cordé finement treſues au Pape
afin de le rendre par icelles plus
aiſé à ſurprendre: dont il eſtoit tenu de luy reparer ou faire reparer
les exces qui luy en eſtoient ſur-
uenus, ou l'aider à s'en indániſer
en aucune façon, neantmoins il
n'en voulut manger. Or ie laiſſe à
iuger à ceux qui peuuent auoir
fueilleté les hiſtoires de noz Roys
& des Papes, ſi vne ſi honteuſe eſ-
corne & tragedie de maux aduint
oncques aux Papes & au ſiege Romain, de la part d'aucuns de noz
Roys, ny de tous enſemble (ſans
en excepter le faict de Nogareth
à Boniface) qu'a eſté celle qui
fut ioüée à ce coup à Clement:
car ce que la cataſtrophe de l'vn
n'a eſté pareille à l'autre, n'eſt venu que de ce qu'il n'auoit le cœur

si gros ne si enflé. Cependant nostre caloniateur en accusant noz
Roys d'auoir faict plus de torts &
desplaisirs aux Papes que de bien-
faicts, n'a peu alleguer que celuy-
là qui les touche en particulier, &
ne l'a pas encore osé mettre en a-
uant sans le farder, & colorer de
mensonges & faulsetez, qui sont
desmenties par toutes les histoires, tant d'Italie que de France.
Lesquelles attribuent vnanime-
ment toutes le tort & la coulpe de
la querelle qui se meist entre le
Pape Boniface & le Roy Philippe le Bel à l'outrecuidance d'iceluy, qui voulut entreprendre sur
la souueraineté & temporalité de
la France, & commander au Roy
comme à son vassal, ainsi que tes-
moignent les Epistres qu'ils s'en
escriuirent l'vn à l'autre. Et qu'ont

voulu signifier les mots qu'on a
mis en son Epitaphe, REGNAVIT
VT LEO. Comment qu'il en soit,
qui voudra prendre la peine de lire le sac de Rome, & la captiuité
du Pape Clement, auec les inso-
lences qui furent commises enuers luy & ceux de sa Court, selon
qu'elles sont escrites par Guichardin & P. Iouio, & les cóferer auec
ce que les autres historiens ont
rapporté de la capture de Boniface, verra ce qu'il doit iuger de l'vn
& de l'autre. Mesmement aussi
comme l'armee qui feit ce beau
mesnage, estoit la plus gráde partie composee d'Allemans, faisant
profession de la doctrine de Lu-
ther. De laquelle sorte de gens on
sçait semblablement qu'il s'est
tousiours seruy en toutes les armees qu'il a iamais employees có-

tre la France & l'Italie, & qui n'a
outreplus iamais ceffé d'efmou-
uoir toute l'Allemagne contre le
Roy par tous moyens & artifices,
& de faire bander les Princes Proteftans contre iceluy. Dont noftre
aduerfaire n'a eu occafion d'in-
uectiuer fi temerairement qu'il a
faict contre la memoire de noz
Roys François & Henry, pour
auoir recherché l'amitié & fup-
port des Princes Proteftans de
l'Empire, pour la tuition de leur
liberté, de mefme façó que l'Empereur les prattiquoit contr'eux,
& pour leur ruine. A laquelle pareillement il s'eft toufiours mon-
ftré fi ardent & acharné, & de plus
en plus que les affaires luy font ve-
nues à fouhait, qu'il ne faut douter que cela ne les ayt contraint
d'accepter l'alliance & amitié du

G iij

Turc, qui leur eftoit volontairement offerte fans la rechercher,
non pour en mal vfer contre la
Chreftienté, ains pour preuenir
l'Empereur qui la faifoit luy-mefme rechercher par fon frere, qui
enuoyoit Ambaffadeurs auec ri-
ches prefens pour la demander,
& fe rendre tributaire & vaffal du
Turc pour le Royaume de Hongrie, qui eftoit pour eftre affeuré
de luy de ce cofté là, afin de pouuoir ioindre leurs forces & moyés
enfemble, & les conuertir auec
moins d'empefchements contre
la France & la Germanie. Et puis
s'il a efté licite à l'Empereur mefme de prendre intelligence auec
les Roys de Fez & de Maroc, &
autres Potentats d'Affrique, &
receuoir en fa protection le Roy
de Thunes : & au Roy Philippe

son fils semblablement de conti-
nuer les mesmes intelligences, &
outre icelles de rechercher derechef l'amitié du Turc : en telle façon, que ne se contentant seulement d'y estre receu s'est efforcé
par presens & corruptions d'en
exclurre, ou d'y estre mieux venu
que le Roy. Dauantage si le Roy
Ferdinand, ayeul & bisayeul d'i-
ceux, osa enuoyer Pierre Martyr
son Ambassadeur vers le Soudan
d'Egypte pour traicter de confe-
deration auec luy, où il fut contraint de renier honteusement le
mauuais traictement & la perfidie dont il sçauoit bien que son
maistre auoit vsé enuers les Maures de Grenade. Bref il y a eu peu
de Roys auparauant eux en Espagne, du temps que les Maures y
regnoient soubs diuers Royau-

G iiij

mes, qui n'ayent eu quelque in-
ligence , ou alliance particuliere
auec tous, ou aucuns d'eux, & qui
ne les ayent secourus, ou obtenu
secours d'eux en leurs affaires.
Dont nous auons pour tesmoignage Alphonse, dit le Sage. Et
l'Astrologue qui feit venir le grãd
Miral mumin de Maroc en personne auec vne grande armee de
Maures, luy ayant enuoyé sa couronne, qui estoit de prix inestima-
ble, à son secours contre son fils
D. Sancho, qui par vne vilaine &
abominable ingratitude & des-
loyauté, l'auoit dechassé & demis
de tous ses estats, & s'estoit em-
paré d'iceux à l'aide & assistance
du Roy de Grenade, moyennant
la promesse qu'il luy auoit faicte
d'estre son tributaire du tiers du
reuenu de son Royaume. Et en-

core D. Iean de la Cerde fils aisné
du mesme Alphonse, qui receut
bien tost apres vne autre armee
du mesme Miral mumincontre le
mesme D. Sancho, qui luy auoit
soubstraict le Royaume de Castille, dont il estoit iuste heritier.
Ne sçait-on pas aussi que Pierre
Roy de Castille, en toutes les
guerres qu'il a eu contre les autres Roys Chrestiens ses voisins,
& contre ses freres, s'est tousiours
aydé & seruy des Maures de Grenade? Mais long temps auparauãt
eux, à sçauoir dés enuiron sept cés
quatre vingts trois, n'y eut-il pas
vn D. Mauregat le Bastard, qui
pour despouiller du Royaume de
Leon & des Asthuries, D. Alphóse (qui fut dit le Chaste) son nep-
ueu complotta auec les Maures,
afin d'obtenir secours d'eux en

son entreprise de si malheureuse
façó, qu'il s'obligea de leur payer
vn tribut estrange de tout droict
& de toute honnesteté : C'estoit
cinquante pucelles de noble race,
& autant de condition roturiere
qu'il leur enuoyroit chacun an, &
continua de ce faire iusques à son
trespas. Quelques siecles apres
D. Alphóse Roy de Leon depos-
sedé de son Royaume par D. Sancho son frere, ne s'alla-il pas retirer vers Alcmenon Roy de Tolle-
de, auec lequel il vesquit iusques
au trespas de son frere, & par luy
aussi fut restably en son Royaume? Qui plus est, D. Raymód frere de D. Sancho Roy de Nauarre,
dechassé par iceluy pour ses mau-
uaises façons de faire, n'eust-il
pas semblablement enuiron le
mesme temps, recours aux Mau-

res, auec lesquels guerroyant son
frere il le tua, & feit mourir en vne
bataille? L'histoire d'Espagne re-
cite consequemment que D. Sancho Ramires receut l'an 1083. vne
grãde descõfiture par les Maures
autour de Roda, au moyen de l'aide & secours que D. Alphonse
sixiesme Roy de Castille, son frere, leur donna secrettement pour
vne rancune & ialousie qu'il auoit
contre luy. Dauãtage que le mesme Roy Alphonse ayant pris en
mariage la fille du Roy Almunca-
mus Roy des Maures de Seuille,
pour aider iceluy à se faire seigneur souuerain de tous les Maures qui habitoiét en Espagne, enuoya prier le Miralmumin d'Affrique de faire passer vn grand rẽ-
fort de Maures Affriquains en Espagne, afin de le faire paruenir à

son entreprise, laquelle succeda
aussi mal pour l'vn que pour l'autre. On sçait outre-plus que D.
Sancho, dict le Gros, Roy de Leó,
se feit remettre en son Royaume,
duquel il auoit esté deietté par v-
ne armee du Roy de Cordoué.
Bref s'il a semblé bon à tant de
Roys d'Espagne, que nous venós
de nommer, outre ce que nous en
pourrions dire de beaucoup d'autres, de rechercher & contracter
alliance auec les Maures infideles,
& tirer secours d'eux quád ils ont
voulu, plus souuentefois pour satisfaire à leurs ambitions & appe-
tits desreiglez, que pour le bien
de la Chrestienté. Dauantage, si
pour les mesmes causes le Roy
Ferdinand, l'Empereur Charles
& son frere, & le Roy Philippe
qui regne auiourd'huy, ont esté

pouſſez de meſme affection à rechercher iuſques à vouloir ache-
ter l'alliance du Turc, & prendre
intelligence & côfederation auec
les Monarques d'Affrique & auec
le Sophi de Perſe, & attirer les
Princes Proteſtans de l'Empire à
leur cordelle, ou autres de religion auſſi contraire à la leur que
ceux là, afin d'eſtre aidez ou non
empeſchez par eux à ruiner l'eſtat
le plus noble & excellent de toute la Chreſtienté. Quelle occaſion
peut auoir noſtre calomniateur
de vouloir faire trouuer ſi fort
eſtrange que depuis peu de temps
ſeulement noz Roys ſe ſoient ſer-
uis de l'amitié du Turc & des Proteſtans, leur ayant eſté icelle volontairement pour la conſerua-
tion de leur eſtat, ſans l'intereſt
de la Chreſtienté, ains pluſtoſt

Raisons & causes de preseance
pour le maintien d'icelle contre
les machinations de leurs aduersaires, outre ce que pour le regard
des Protestans, on peut aussi ob-
iecter aux Espagnols leur Roy
Pierre d'Arragon qui se trouua au
secours des Albigeois, qu'on tenoit pour heretiques à la iournee
de Muret, où il fut tué par vn petit nombre de croisez de France.
Voila donc les plus grádes reproches que nostre calomniateur a
proposees contre l'honneur de
noz Roys, pour faire cognoistre à
son dire la mauuaise affection que
ils ont eu enuers la Chrestienté.
Reste à parler de deux autres qu'ils
ont adjoustses aux precedentes,
mais moins criminels, desquels
l'vn est du Roy Philippe Auguste.

Calomnie premiere.

L'Inquietude duquel (dit-il) & les
liniures qu'il feit à Richard Roy
d'Angleterre, furent cause que l'entreprise de Syrie succeda mal : car ayant
feint qu'il estoit malade, & s'en estoit
soubs ceste couleur retourné en France,
il assaillit la Normandie pendant que
Richard guerroyoit en la terre Saincte.

Calomnie seconde.

C'Est du Roy sainct Loys, lequel
estant auec son frere prisonnier
en Egypte pour se retirer de captiuité,
laissa la sainte Hostie en ostage pour soy
à l'infidele, auec moindre reuerence de
la part de celuy qui la donnoit, que de
l'autre qui la retenoit.

Surquoy il conclud.

QVi se proposera deuant les yeux
tous ces derniers & les precedens, iugera que les merites d'Espagne

Raisons & causes de preseance
enuers la Chrestienté & les Papes, sur-
montent les offences ou peu de deuoirs
qu'ils n'auroient rendus : & que de la
part de la France on ne peut mettre en
compte aucuns merites ny seruices, mais
bien beaucoup de delicts & demerites.

Deffence.

TOuchant le faict de sainct
Loys, encore qu'il soit ad-
uoué de quelques histoires vul-
gaires qui le racontent en autre
façon, & plus à l'honneur qu'au
vitupere d'iceluy, neantmoins le
sieur de Ioinuille qui luy tint có-
pagnie en sa captiuité & à sa deli-
urance, nous donne bien à entendre en sa vie qu'il a escrite, que cela est vn compte aposté, pource
que sainct Loys paya rançon deuant que sortir d'Egypte, mesmement qu'il fut si conscientieux
qu'il ne voulut oncques mettre le
pied

pied hors icelle, qu'il ne fust asseu-
ré que ses Tresoriers auoient rédu
aux Mamelus vne grosse somme
d'or qu'ils leur auoient corbinée
en faisant le payement: qui fut vn
traict de François, & non d'vn a-
uare Espagnol, tel qu'on l'a veu
au payement de la rançon du Roy
François. Quant au faict du Roy
Philippe, la source & origine de la
querelle d'entre luy & l'Anglois
ne luy est par aucun imputée, ains
à l'autre, qui deuant son embar-
quement auoit fiancé la sœur du
Roy Philippe, & icelle receuë a-
uec son dot entre ses mains, neátmoins estant arriué en Sicile il la
repudia, espousant la sœur du Roy
de Nauarre que sa mere luy ame-
na. Pour cela les deux Roys ne lais-
ferent de paracheuer leur voyage,
durant lequel l'Anglois cóquesta

H

l'Isle de Cypre, dont il ne voulut
faire part, comme il auoit promis.
Cela augmenta la haine & rancune à laquelle se vindrent ioindre
nouueaux soupçons, deffiances,
& ialousies, pendant lesquelles la
pestilence se meist si furieusemét
en l'armee qu'elle en emporta vn
nóbre infiny de Princes & grands
seigneurs de Françe : entre lesquels furent les Comtes de Flan-
dre, de Blois, de Senserre. Qui fut
occasion de faire craindre au Roy
Philippe de sa santé, & de donner
à croire que ce n'estoit par simulation ou feintise. Tellement qu'il
s'en retourna en son Royaume,
ayát laissé la charge de son armee,
& de poursuyure la guerre en son
lieu au Duc de Bourgongne, &
iuré de ne rien attenter sur les terres de l'Anglois deuant le retour

d'iceluy. Lequel apres auoir quelque temps cõtinué la guerre heu-
reusement feit trefues auec l'ennemy vn peu pluſtoſt qu'il n'euſt
eſté de beſoin, & s'ébarqua pour
retourner chez ſoy: mais la tour-
mente le ietta en la coſte d'Iſtrie,
où il fut pris, & mis entre les maîs
du Duc d'Auſtriche, où il fut retenu plus d'vn an. Pendant ſa dé-
tention le Roy Philippe ſomme
les Anglois de luy rendre le dot
de ſa ſœur: dure fus la guerre s'en
enſuyuit, alleguant qu'il n'eſtoit
comprins en la promeſſe qu'il a-
uoit faicte en Syrie. Tel eſt le pur
recit du different que ce Roy eut
auec l'Anglois, qni donnera à co-
gnoiſtre ſi le calomniateur en a
iugé ſelon la raiſon & verité. Pour
la fin de ce propos, nous voyons
que noſtre calomniateur n'a peu

H ij

mettre en auant aucun reproche
contre noz Roys, qui leur doiue
faire perdre ce qu'ils ont acquis
de toute ancienneté, ny alleguer
aussi aucuns merites de la part des
Espagnols, qui leur donne gaigné
ce qu'ils n'eurét iamais. Car quels
Roys d'Espagne pourroit-il nommer, qui ayent plus guerroyé &
obtenu de victoires sur les infideles & ennemis de nostre religion,
que noz Roys, Clouis, Charles
Martel, Pepin, & Charlemagne,
sans ce que les autres Roys, Princes & grands Seigneurs ont faict
outre iceux. Quels Roys, dy-ie,
qui ayent enrichy & augmenté le
temporel, reuenu & Domaine du
siege Romain, comme ont Pepin
& Charlemagne, Loys le Debon-
naire, & Charles le Chauue? Semblablement aussi qui ayent plus

faict conuertir & inſtruire en la
religion Catholique, & Chre-
ſtiéne de natiós qui ne l'eſtoient,
que ceux-là meſme, & aucuns autres de leurs ſucceſſeurs? Dauantage qui merite eſtre à comparer
en ſaincteté, & innocence de vie
& de mœurs, en zele & deuotion
enuers la religion, en charité enuers les pauures, en liberalité &
beneficéce enuers les gés, & lieux
de religion, à Loys le Debonnai-
re, Robert fils de Capet, Loys pere de Philippe Auguſte, & ſainct
Loys? ne qui aye merité de bien
loin ſi bien qu'eux le ſurnom de
Catholique, pour meſmes cauſes
que les Eſpagnols l'ont donné à
trois de leurſdits Roys. D'autre-
part qu'il nous face veoir qu'il y
ait eu entre tous noz Roys vn
Monſtre, vn Neron, Caligula, &

H iij

Heliogabale, en cruautez & mef-
chácetez séblables à Pierre roy de
Caſtille: Vn auſſi qui cóme Mauregat ſe ſoit rendu tributaire des
Maures de cent pucelles Chreſtié-
nes tous les ans? Outre-plus qu'ó
ait iamais apperceu les Eſpagnols
en leurs actions, affaires, & deportements, marcher auec telle ſin-
cerité, rondeur, integrité, innocé-
ce, & ingenuité, qu'ont faict les
François. Que les patricides, aſſaſ-
ſinats, maſſacres, perfidies, trahi-
ſons, tromperies, vſurpations iniuſtes des biens & principautez
d'autruy, & autres tels actes & façons de faire tragiques & tyráni-
ques, ſe ſoient tant & ſi ſouuent
prattiquees & exercees entre noz
Roys & en ceux de leur ſág, qu'elles ont eſté entre ceux d'Eſpagne?
Et que les inceſtes pareillement &

mariages inhibez de la loy diuine
ayent esté si coustumiers en France qu'en Espagne? Or s'il n'est en
eux de pouuoir verifier que noz
Roys n'ayent gaigné l'aduantage
sur les leur de toutes les parties
que nous venós de leur attribuer,
& que plusieurs autres grandes
causes de ce mesme droict autant
vallables & considerables que les
precedentes, ont esté amplement
deduictes par autres, & par moy,
en quelques traictez dressez sur le
mesme subject. Ce sera gráde im-
pudence & vergongne à ceux qui
ont osé, ou oseront desormais re-
muer ceste matiere pour l'Espagnol, où l'on voit plus clairement que le iour qu'il n'a aucun
droict de pretendre ny aspirer, si
ce n'est par autres meilleurs tiltres
que ceux qu'on a cy dessus alle-

guez. Quand nous voudrós meſmement conuenir du ſurnom de
Catholique, duquel ils ſe veulent
preualoir côtre le tres-Chreſtien,
& leur accorder de grace (ce que ie
tiens pour fabuleux) qu'il a eſté
donné par les Anges à aucuns de
leurs Roys, & confirmé par les
Papes, pource qu'il a eſté comme
particulier, & pour choſes particulieres côcedé à ceux qui l'ôt eu,
ainſi que celuy de grand, de noble, de ſage, de chaſte, & d'autres,
& non pour eſtre commun ou general, & ſucceſſif à tous les autres
de meſme Royaume, & non de
meſme nation : d'autant qu'il y a
eu des roys qui ſe ſont auſſi dicts
Catholiques entre les autres nations, ſans en auoir pourtant marque de préeminence en ceſte qualité là enuers les autres Roys de la

Chrestiété, sinon que depuis que
le Pape Iules second l'eut accor-
dé au Roy Ferdinád dernier, pource que nous l'auós aussi en aucuns
de noz Roys, qu'on n'a pas moins
iustement surnommez Catholiques (comme Philippe le Bel) que
ceux d'Espagne & autres qui l'ont
mieux merité, à sçauoir ceux que
nous auons nómez cy dessus: Car
ie voy que les Espagnols ont pris
le mot de Catholique en ceux
qu'ils ornoient de ce nom, pour
deuotieux & zelez, ou bien-fai-
cteurs enuers les Eglises & gés de
religió. Mais les anciés appelloiét
Catholiques simplemét ceux qui
faisoient profession de la vraye &
pure religion Chrestienne, & qui
se tenoient du trouppeau de la
vraye Eglise, en laquelle façon le
nom de vray Chrestien emporte

Raisons & causes de preseance
autant que Catholique & de tres-
Chrestien, ou de Christianissime,
que tres-Catholique. Qui est le tiltre que nous disons auoir esté at-
tribué, non par aucuns Papes, ny
pour quelques bien-faicts particuliers enuers eux, non seulement
à noz Roys, mais aussi à leur peuple & leur Royaume dés le commencement de leur conuersion
au Christianisme : à cause qu'on a
veu en iceluy florir la vraye religion plus qu'en autre lieu de la
Chrestienté : & les Roys auec leur
peuple plus affectionnez, ardéts,
& zelez à la conseruer, maintenir,
exalter, publier, & communiquer
à ceux qui né l'auoient encore receuë, ensemble à cóbattre & s'op-
poser aux ennemis d'icelle, qu'aucuns autres Roys & peuples, & le
mesme zele & deuotion s'y estre

continüé, & entretenu ſans inter-
ruption des premiers iuſques aux
derniers, par le teſmoignage &
approbation de tous les ſiecles
enſuyuans, confeſſion, & reco-
gnoiſſance de tous les peuples &
nations ſeparees d'eux. Dõt nous
auõs pour preuue le beau iugemẽt
que Procopius & Agathius ont
rendu d'eux en leurs hiſtoires. Et
ſainct Gregoire en vne ſienne epi-
ſtre au Roy Childebert, où il dict:
Quanto Regia dignitas cæteras ante-
cellit, tanto cæterarum gentium Re-
gnorumque Regni perfecto veſtri cul-
men excellit: Eſſe autem Regem quia
ſunt & alij, non mirum eſt. Sed eſſe Ca-
tholicum quod alij non merentur, hoc
fortis eſt. Sicut enim magnæ lampadis
ſplendor in tetra noctis obſcuritate lu-
minis ſui claritate fulgeſcit: ita fidei ve-
ſtræ claritas inter aliarum gentium per-

fidiam rutilat ac coruscat. Quidquid
autem se cæteri Reges gloriantur habe-
re hoc habetis, sed ipsi in hac re vehe-
mentius superantur à vobis quoniam
principale bonum non habent quod ha-
betis. c'eft à dire : D'autant que la
dignité Royalle furpaffe toutes
les autres, d'autant auffi l'excellé-
ce de voftre Royaume furmonte
tous les autres. Car ce n'eft pas
chofe efmerueillable que d'eftre
Roy, pource que d'autres le font
auffi : mais eftre Catholique c'eft
vn effect de voftre valeur, d'autát
que les autres ne le meritent pas.
Car cóme la lueur d'vne grand flá-
beau paroift plus en l'efpoiffeur d'
vne noire nuict par la clarté de fa
lumiere: ainfi la lumiere de voftre
foy reluit parmy la perfidie des
autres nations. Or de tout ce q̃ les
autres Roys fe vantent d'auoir,

vous en estes pourueu, mais vous
les surmótez du tout en ce poinct
que vous auez le principal bien
qu'ils n'ont pas. Pour la mesme
cause semblablement Anastasius
bibliothecanus du siege Romain,
parlant des Roys Pepin, Charlemagne & son fils (ce qu'il fait souuent és vies des Papes, Zacharie,
Estienne, Adrian, & Leon) les ac-
compagne tousiours du tiltre de
Christianissimus. Autres ont ad-
iousté à ces tesmoignages là, ce
qui s'en veoit au testament de S.
Remy, ensemble des Actes és Có-
ciles d'Orleans, Majence, Aix, &
autres. Puis és epistres Decretales
d'Estienne 2. Paul 1. Estienne 3.
Adrian 1. Nicolas 4. Iean 8. In-
nocét & Honoré 3. Entre les arti-
cles du premier Concile d'Orleás,
l'vn porte cela, qu'on y veoit le

Roy Clouis, appellé le fils de l'E-
glise Catholique par les Euesques. Ce qui nous certifie que de
la est venu l'autre tiltre de fils aif-
né de l'Eglise, que s'approprierent
depuis les successeurs d'iceluy.
Apres que les Roys des autres
royaumes de la Chrestienté se furent conuertis au paganisme, ou
de l'Arianisme à la vraye religion
& faicts Catholiques, comme
estoient ceux de France. Quel aduantage donc peuuent auoir les
Roys d'Espagne sur les nostres
par tiltre de Catholique? quand
mesmement nous le voudrons recognoistre auoir esté donné à aucuns d'iceux par les Anglois; puis
que noz histoires ne manquent
d'autres tels miracles pour oppo-
ser aux leur : Comme sont ceux
qu'on escrit estre aduenu au ba-

pteſme du Roy Clouis, qui ſe peuuent lire en Aimoinus & au teſta-
ment de ſainct Remy, auec le don
& pouuoir de guerir le mal des
eſcroüelles concedé à noz Roys:
qui a faict ſortir autrefois, & faict
encor' tous les iours ſortir ſi grãd
nombre d'Eſpagnols de leur pays
pour ſe venir faire toucher par
eux : mais s'ils ne ſe veulent ſatis-
faire des noſtres, nous ferons pareillement auſſi peu de cas du leur
& de leur tiltre de Catholique ſé-
blablement, tant pource qu'il appartient mieux aux noſtres, que
pourautant qu'il a eſté faict propre & ſucceſſif aux Roys d'Eſpagne depuis cent ans tant ſeulement, & pour cauſes iniuſtes &
non valables : où ſoubs faux pretextes en la perſonne d'iceluy, qui
n'eut oncques en ſoy rien de la

sincerité, rondeur, integrité, & ingenuité Chrestienne, qui le luy ait
faict meriter, ains duquel les a-
ctions, deportemens, & entrepri-
ses, quelques belles & grādes que
elles ayent esté, se sont tousiours
veües conduittes par hypocrisie,
simulation, tromperie, mauuaise
foy, ambition, & auarice. Car le
Pape Iule second estant obligé au
Roy Loys douziesme pour vne
infinité de bien-faicts qu'il auoit
receus de luy, au lieu de luy en
vouloir bien, selon qu'il estoit tenu, vint (comme declare & confesse Guichardin) sans estre prouoqué d'aucune offence, à conce-
uoir en soy vne mauuaise & irre-
conciliable volonté cōtre iceluy,
n'estāt poussé à icelle d'autre motif que d'ambition, & conuoitise
de gloire, de deliurer (comme il
disoit)

difoit) l'Italie des Barbares. Et
pource que fes propres moyens
ne baftoiét affez pour le faire paruenir à fon deffein, il fe meift de
complot à cet effect auec les Venitiens (defquels il venoit d'eftre
ennemy capital) les Suiffes, les
Roys d'Angleterre & d'Arragon,
qui eft ce que ceftui-cy defiroit le
plus : lequel ne demandoit pas
mieux que d'eftre recherché de ce
dont il euft bien voulu eftre le re-
chercheur luy-mefme, qui luy fe-
roit plus profitable qu'au Pape
& à l'Italie mefme. C'eftoit d'eftre
aydant à chaffer fans grand peril
& intereft, de fa part les François
hors d'Italie foubs la querelle du
Pape, & par les forces d'autruy
qui euft deu luy-mefme eftre aydé à ce faire par eux, & à fes propres dangers & fortune, pour la

I

ſeureté du Royume de Naples
qu'il auoit oſté nouuellemét aux
François par tromperie. Tánt y a
que le Pape, ſouz l'appuy de ceux
la, commença côtre toute loyauté & fidelité vne cruellé guerre à
noſtre Roy, lors qu'iceluy cher-
choit tous les moyens de l'adou-
cir, s'efforçant de luy complaire
en toutes choſes. Ce qui le feit tát
plus enuenimer & obſtiner en ſa
felonnie, ſe tenant pour aſſeuré
qu'il finiroit touſiours de la paix
auec luy, quand & à quel marché
qu'il voudroit. Dont il fut force
au Roy de ſe défendre auſſi bien
par les armes, tant ſpirituelles que
corporelle s : car ſe ioignát à l'Empereur du conſentement de luy
& des Theologiens & Prelats de
France & de Germanie, & de pluſieurs Cardinaux d'Italie, & d'Es

ſpagnols meſmes qui ſe rendirent de leur complot, fut publié
vn Concile general où ſe deuoit
traicter de la reformation des a-
bus qui ſe cómettoient en l'Egliſe, & de la maluerſation des chefs
en leurs dignitez. Qui fut cauſe
que le Pape en publia vn autre à
Rome pour inualider celuy là, auquel pour ſe venger de ſes ennemis il les feit excommunier, & adiuger lèurs biens & Royaumes au
premier occupant. Mais pour gratifier à ſes adherans feit transferer
le tiltre de tres-Chreſtien au Roy
d'Angleterre, & confermer à l'E-
ſpagnol celuy de Catholique que
luy-meſme s'eſtoit donné dés auparauant, adiouſtát pluſieurs cauſes & pretextes, friuoles & vola-
ges de cet octroy à l'vn & à l'autre, qui ſemblerent ſi fades à l'An-

glois qu'il ne voulut onques gou-
fter du fien, qui luy valoit autant
trainé que porté. Mais l'Efpagnol
ayant fes penfees plus dreffees au
vent, & ne voulant pas mefprifer
les iugemens du Pape, fe declarer
foy-mefme larron & voleur du
Royaume de Nauarre, dót il auoit
(foubs pretexte d'iceluy) mefchá-
ment defpouillé fon amy & pa-
rent. Cependant ceux de l'autre
Concile continuoient leur faict
& le faifoient fi bien valoir par
bonnes raifons enuers le monde,
qu'il n'y auoit gens de iugement
& d'entendement (finon les pre-
occupez de paffion & de haine
enuers les François) qui ne fuffent
mal edifiez des procedures, actiós
& deportements du Pape, & de
ceux qui luy tenoient la main en
fes fantafies. Voyla en fomme le

moyen côme l'Espagnol obtint
le tiltre de Catholique, pour luy
& pour ses successeurs, combien
qu'on le couloura de beaucoup
d'autres causes & pretextes plus
beaux que vrais : à sçauoir pour
auoir defendu l'Eglise, chassé les
Maures du Royaume de Grenade, & les Iuifs de toute l'Espagne,
& puis estably l'inquisition en
icelle contre les Maures. Car que
peut-on dire qu'il ayt faict pour
l'Eglise, sinon qu'il a soustenu ce
Pape en son iniquité, & luy a aidé
à faire mal à celuy qui ne luy en
faisoit, & ne luy en vouloit faire,
mais se defendoit seulement : &
que cela faire luy estoit plus profitable qu'à l'Eglise & au Pape, &
qu'il esperoit d'vser de ceste occasion à vn autre plus grand profit,
comme il feit à vsurper le Royau-

me de Nauarre. Qui n'eftimera
pareillement que l'ambition &
defir d'augmenter fon Domaine
& puis de remplir fes coffres de
l'or des Maures & des Iuifs, ne
l'ayent incité à faire la guerre aux
Maures & aux Iuifs pluftoft que
le zele de religion, puis qu'il n'a
point eu honte d'accompagner
ces deux faits là de beaucoup d'a-
ctes de tromperies, de mauuaife
foy, & d'auarice. Et quant à l'Inquifition, qui n'a veu par les effets
depuis qu'elle a efté mife fus, que
ce n'eft qu'vne inuétion pour faire plus d'hypocrites & de Marra-
nes que de bons Chreftiens pour
côfirmer la tyrannie des Roys, &
raffafier la cruauté & auarice des
Prelats, & de ceux qui viuent de la
marmitte de l'Inquifition, & par
iceux fe rendre redoutables aux

petits & aux grands, d'autant que
la procedure qui se tient en icelle,
est si estrange, barbare, & horri-
blement cruelle, qu'il n'est point
memoire qu'il y en ayt eu iamais
vne autre semblable au monde,
ny de plus contraire à toutes les
formes de iustice qui furent oncques obseruees en toutes les Re-
publiques & Monarchies bien
ordonnees, Pource que le tour-
ment & la peine excede en icelle
outre raison tousiours, & que l'innocence y est plus souuent tour-
mentee ou punie, que le delict.
Le suspect est aussi mal traicté
que deuroit estre le conuaincu, &
pour vn coulpable, cent bons, &
innocens tourmentez & marty-
risez: & entre ceux là signamment
ceux qui ont dequoy se faire faire

I iiij

leur proces. La cauſe eſt que tout
faux teſmoing, apoſté, & infame,
ou ennemy mortel, tout faux ac-
cuſateur & delateur y eſt receu en
accuſation ſans crainte d'infa-
mie, ny de punition, ſans eſtre nō-
mé, declaré, recelé, ny confronté à
l'accuſé: lequel neantmoins il faut
qu'il deuine & propoſe ſur le
champ, ſes reproches contre ſoy-
meſme, s'il veut eſtre ſauué, & où
il ne peut faire ny l'vn ny l'autre,
il demeure touſiours trempé en
vne douloureuſe priſon iuſques à
ce qu'ils le traictent comme conuaincu. Qui pourroit auec cela reciter le nombre & la diuerſité des
cruels & horribles tourments dōt
ils vſent à la gehenne de ceux
qui ne veulent confeſſer, ce dont
ils ſont faulſement deferez & ac-

cuſez

cufez: Et pour le comble de l'iniquité, l'accufé ne pouuant eftre
conuaincu, & ne fe trouuant caufe pour le condamner, ne peut
neantmoins auoir raifon, ny re-
paration de fes accufateurs & parties, ains faut qu'il tienne à bon
marché d'eftre efchappé feulemét
auec quelque peine & marque d'i-
gnominie, pour faire entendre
qu'ils ne peuuent eftre deferez à
l'Inquifition fans auoir failly en
quelque chofe. C'eft là le gré que
la Chreftienté doit fçauoir à ce
Roy Ferdinand pour l'inftitution
de fon Inquifition : de laquelle
toutefois il a femblé excufable
enuers aucuns, qui ont eftimé
qu'il a cogneu ce qui eftoit conuenable au naturel & cóplexion
de fes fubiects, aufquels il faut,

K

comme on dit en prouerbe, A rude Asne, rude Asnier, & selon la
iambe la seigne. Mais les Fla-
mens ont eu crainte que ce que
l'Inquision faisoit aux Espagnols,
elle ne le feist aussi a eux.

FIN

Acheué d'imprimer le Lundy &
dernier iour de Decem-
bre, mil six cens
sept.

Extraict du Priuilege du Roy.

PAr grace & priuilege du Roy, il est permis à Nicolas & Iean Vignier, enfans &
heritiers de feu Me Nicolas Vignier, viuant
Historiographe de sa Majesté, de faire imprimer par tel Libraire ou Imprimeur que bon
leur semblera, vn liure intitulé: *Raisons & causes de preseance entre la France & l'Espagne*, & cõ-
posé par leurdit feu pere : Auec defences à
tous Libraires, Imprimeurs, ou autres, , de
quelque qualité qu'ils soient, iceluy imprimer, faire imprimer, vẽdre & debiter par toutes ses terres & lieux de l'obeissance de sadite
Majesté, sans le consentemẽt desdits Vignier,
ou celuy qui aura droict d'eux de ce faire durant le terme de dix ans, à commẽcer du iour
& datte de l'impression, à peine de confisca-
tion des exemplaires & amende arbitraire,
comme plus amplement est porté par les lettres patentes du xx. iour de Decembre 1607.
Signé, Par le Roy en son Conseil, VERDIN.
Et scellé du grand seau en simple queuë de
cire iaune.

Lesdits Nicolas & Iean Vignier ont permis, suyuant
les lettres patentes de sa Majesté à eux octroyee, à
Oliuier de Varennes marchant Libraire demeurant
à Paris, d'imprimer, vendre & debiter le liure cy dessus nommé : Et pour cet effect luy ont cedé & trans-
porté leur priuilege & droict pour en iouyr pendant
le temps porté par iceluy, suyuant l'accord faict entr'eux le dernier iour de Decembre 1607. Signé.

NICOLAS. & IEAN. VIGNIER.